## Über die Autoren

Merhawi kommt als zweites Kind einer siebenköpfigen Familie in Eritrea zur Welt. Sein Vater ist beim Militär und seine Mutter führt zuhause unter Mithilfe der Kinder Betrieb und Landwirtschaft. Merhawi ging bis zur achten Klasse zur Schule, durfte diese aber nach einem wegen der Arbeit im elterlichen Betrieb verpassten Anmeldetermin nicht weiter besuchen. Um nicht zum Militärdienst eingezogen zu werden, verließ er mit 15 Jahren heimlich und ohne Absprache mit der Familie sein Elternhaus und floh aus seinem Heimatland Eritrea.

Ulla Grün bot den Rahmen für die Aufarbeitung von Merhawis Fluchtgeschichte, hörte zu, fragte nach und schrieb auf. Merhawi lernte Ulla als Vormund eines seiner Mitbewohner in einem Heim für minderjährige Geflüchtete kennen und bat sie später um Hilfe beim Verfassen seines Buches.

Merhawi Fsehaye und Ulla Grün

# Mein Weg in die Freiheit

## Mit 15 Jahren allein auf der Flucht

Bibliografische Information der Deutschen Nationalbibliothek: Die Deutsche Nationalbibliothek
verzeichnet diese Publikation in der Deutschen
Nationalbibliografie; detaillierte bibliografische
Daten sind im Internet über http://dnb.dnb.de
abrufbar.

© 2018 smm Leichte Sprache Verlag UG
(haftungsb.), Hamburg

Illustration: Magdalena Teresa Kaszuba
Fotos: Arnold Schnittger
Cover und Layout: Ulla Grün
Lektorat und Korrektorat: Sabine Muhl
Druck: BoD – Books on Demand,
Norderstedt

ISBN: 978-3-947901-01-2

# Inhalt

## Über Eritrea

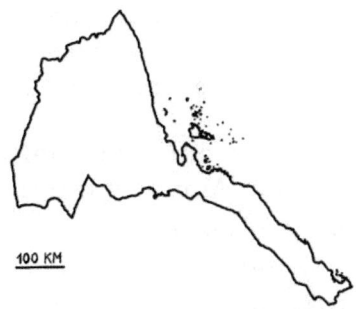

Eritrea ist ein kleines Land am Horn von Afrika, etwa 5000 km Luftlinie süd-östlich von Deutschland entfernt. Es grenzt im Nordwesten an den Sudan, im Süden an Äthiopien, im Südosten an Dschibuti und im Nordosten an das Rote Meer.

In Eritrea leben etwa 5 Millionen Menschen. Sie gehören 9 Volksgruppen mit jeweils eigenen Sprachen an. Die Verkehrssprachen sind Tigrinya und Arabisch, Arbeitssprache ist Englisch. Die Bevölkerung gehört zu etwa gleichen Teilen dem Islam und dem Christentum an.

Nach dreißigjährigem Krieg (1961 – 1991) ist Eritrea seit 1993 von Äthiopien unabhängig. Die Übergangsregierung unter der Führung von Präsident Isayas Afewerki ist bis heute an der Macht und gilt als Diktatur.

In Eritrea gibt es einen Militärdienst von unbefristeter Dauer und unter zwangsarbeitsähnlichen Bedingungen, zu dem auch Minderjährige herangezogen werden. Wer versuchte, sich dem zu entziehen, wurde ohne Anklageerhebung oder Gerichtsverfahren inhaftiert und misshandelt.

Es bestand ein allgemeiner Schießbefehl für jeden, der versuchte, die Grenze nach Äthiopien zu überqueren.

Vgl. dazu auch die Jahresberichte 2016 – 2017 von Amnesty International:

*https://www.amnesty.de/jahresbericht/2016/eritrea*

*https://www.amnesty.de/jahresbericht/2017/eritrea*

Nachrichtliche Quellen:

„Uno wirft Eritrea "Verbrechen gegen die Menschlichkeit" vor"

*http://www.spiegel.de/politik/ausland/uno-bericht-eritrea-verletzt-massiv-menschenrechte-a-1037669.html (Quelle v. 08.06.2015)*

„Menschenrechtslage in Eritrea kritisch"

*http://www.dw.com/de/menschenrechtslage-in-eritrea-kritisch/a-19313972*

„Flucht aus dem 'Nordkorea Afrikas'"

*http://www.deutschlandfunk.de/eritrea-flucht-aus-dem-nordkorea-afrikas.1818.de.html?dram:article_id=317668*

(Quelle v. 21.04.2015)

## Quellen im Internet

*https://www.humanrights.ch/de/service/laenderinfos/eritrea/Überblick*

*https://de.wikipedia.org/wiki/Eritrea*

*https://de.wikipedia.org/wiki/Menschenrechte_in_Eritrea*

*http://www.ohchr.org/EN/countries/AfricaRegion/Pages/ERIndex.aspx*

*http://www.ohchr.org/EN/HRBodies/HRC/CoIEritrea/Pages/2016ReportCoIEritrea.aspx*

*http://www.ohchr.org/EN/HRBodies/HRC/RegularSessions/Session35/Documents/A_HRC_35_39_E.docx*

*https://www.amnestyusa.org/files/afr640012013.pdf*

Die o. g. Informationen und Links beziehen sich nicht auf die individuelle Fluchtgeschichte, sondern dienen einem besseren Verständnis der Lage in Eritrea.

Der Verlag übernimmt keine Haftung für die in diesem Buch enthaltenen Links auf Webseiten Dritter und deren Inhalte, da er keinen Einfluss auf die Inhalte haben und keine Gewähr für die Richtigkeit oder Rechtsmäßigkeit der bereitgestellten Inhalte übernehmen kann. Für die Inhalte und alle rechtlichen Folgen sind die jeweiligen Rechteinhaber verantwortlich.

# Karte

## Aufbruch aus Eritrea

Ich liebe meine Familie sehr, aber ich musste weg. Meine Zukunft, mein Leben war in Gefahr. Ich sprach nicht mit meiner Mutter darüber und telefonierte auch nicht mit meiner Schwester, die bereits geflohen war. Mein Vater war beim Militär und für mich nicht erreichbar. Sie alle hätten nicht erlaubt, dass ich gehe, weil es viel zu gefährlich war. Also verließ ich meine Familie heimlich – ohne Abschied. Meine Mutter hat es bestimmt trotzdem geahnt. Sie wusste, dass ich keine andere Wahl hatte. Viele Leute flohen zu dieser Zeit aus politischen Gründen aus Eritrea.

Ich habe mir die Entscheidung nicht leicht gemacht, denn ich verlasse meine Familie, mein Land, und ich weiß nicht einmal, ob ich die Flucht überlebe. Es gab viele Geschichten über missglückte Fluchtversuche, auch aus meinem näheren Umfeld. Es dauerte Monate, bis ich mir wirklich sicher war, die Flucht riskieren zu wollen.

Meinem Freund Robel ging es ähnlich wie mir. Er war ein paar Jahre älter als ich, wir hatten uns über einen Nachbarn kennengelernt. Wir kannten uns schon sehr lange und durch uns sind unsere beiden Familien miteinander befreundet. Weil wir zueinander absolutes Vertrauen hatten, sprachen wir auch über das Thema Flucht. Zum Reden gingen wir oft in einen Park. Dort waren wir ungestört und konnten über alles reden, ohne belauscht zu werden. Wir informierten uns über die geeignetste Fluchtroute und den besten Zeitpunkt zu gehen. An einem Nachmittag brachen wir schließlich auf, einfach so, als würden wir einen Ausflug machen. Wir hatten jeder ein Messer dabei und eine Flasche Wasser, mehr nahmen wir nicht mit.

Bis zum Sonnenuntergang versteckten wir uns erstmal in den Bergen. Dort zogen wir eine Djellaba[1] an, um im Sudan nicht aufzufallen. Auf unserem Weg in die Wälder haben wir noch verbotenerweise ein paar Tomaten als Proviant gepflückt. Wir mussten sehr vorsichtig sein, weil das Gelände gut einsehbar war. Auf keinen Fall wollten wir gesehen und verraten werden. Nach etwa einer Stunde Fußmarsch konnten wir in der Ferne das erste Dorf im Sudan sehen. Die Grenze zu überqueren war die erste große Hürde und dieses Ziel hatten wir jetzt unmittelbar vor Augen. Wir wurden richtig mutig und sind zügig weitergegangen.

Uns begegnete eine Kamelherde, scheinbar ohne Menschen in der Nähe. Also gingen wir mitten durch die Herde und mussten feststellen, dass doch einige Männer dabei waren. Wir konnten uns zwischen den Kamelen verstecken und schafften es schließlich bis in den Wald, ohne von den Kameltreibern entdeckt zu werden.

---

[1] Muslimisches Kleidungsstück für Männer

Der Wald bestand aus einem dichten Dornengestrüpp, durch das wir uns mit Stöcken einen Weg schlagen mussten. Dabei zerriss unsere Kleidung und die Dornen verkratzten unsere Haut. Aber wir konnten nicht zurück, um uns einen besseren Weg zu suchen, denn dann wären wir entdeckt worden.

Nach einiger Zeit brauchte Robel dringend eine Pause. Er war völlig erschöpft, aber ich wollte unbedingt weiter und schnell über die Grenze kommen. Es war ja nicht mehr weit, wir mussten nur noch einen Fluss überqueren. Robel kam schließlich mit. Im Flussbett stand das Wasser etwa knietief, so dass wir oft im Schlamm steckenblieben. Wir zogen unsere Schuhe aus und warfen unsere Wasserflaschen weg, um besser vorwärts zu kommen.

Noch bevor wir das Dorf erreichten, sahen wir in der Ferne die Lichter einer Stadt. Wir glaubten, das sei Kassala, und das war unser nächstes Ziel. Ich wollte gleich dorthin gehen, aber das wäre dumm gewesen, denn Kassala war eigentlich noch weiter weg. Die Lichter konnten auch zu einer Stadt in Eritrea gehören und dort wäre es sehr gefährlich für uns gewesen. Robel und ich gerieten in Streit darüber, welches der richtige Weg sei. Schließlich gab ich nach, obwohl ich sehr wütend war. Aber er hatte Recht und so kamen wir mitten in der Nacht doch noch im Dorf an. Dort kamen wir zur Ruhe und ich entschuldigte mich bei Robel. Die erste Etappe unserer Flucht hatten wir bewältigt und nun konnten wir erstmal durchatmen.

Plötzlich kamen zwei Männer auf uns zu. Wir wollten sie gern fragen, wie wir nach Kassala kommen, aber wir hatten Angst, dass es eritreische Soldaten sein könnten. Deshalb versteckten wir uns vor ihnen. Wir blieben die ganze Nacht in unserem Versteck. An Schlaf war nicht zu denken, zudem war es sehr kalt. Kurz nach Sonnenaufgang gingen wir weiter. Durch unsere Kleidung fielen wir nicht weiter auf, so dass wir einfach mitten durch das Dorf gehen konnten.

Wir waren sehr durstig, aber gerade als wir Einheimische nach Wasser fragen wollten, sahen wir einen Bus. Also liefen wir dorthin, weil wir hofften, mit ihm nach Kassala zu kommen. Ich sprach den Kontrolleur an. Ich kann arabisch sprechen, aber an meinem Akzent erkannte er, dass ich nicht aus dem Sudan bin.

Er fragte mich, woher ich komme und ich antwortete: „Von hier".

„Nein, du kommst aus Eritrea", sagte er und trat sehr dicht und bedrohlich an mich heran.

Robel wollte gehen, aber der Kontrolleur fragte: „Wieviel zahlt ihr mir, wenn ich euch nach Kassala bringe?" Er verlangte zwei Millionen Omla[2].

Ich war erschrocken, weil ich dachte, dass das sehr viel Geld ist. Dies hier war doch keine Erpressung oder eine Entführung durch die Rashaida[3]? Wir hatten zwar etwas Geld dabei, aber nur eritreische Nakfa[4] und damit kann man im Sudan nicht bezahlen. In Eritrea hätten wir aber unser Geld nicht wechseln können ohne aufzufallen.

Ich sagte nur Nein zu dem Kontrolleur und ging mit Robel weg. Wir hatten große Angst bekommen, dass wir an einen Entführer geraten waren, und konnten erst wieder aufatmen, als der Bus abgefahren war.

Weil wir noch immer großen Durst hatten, gingen wir zu einer Frau, die vor ihrer Hütte saß. Wir baten sie um Wasser. Sie war eine

---

[2] Arabischer Name für die sudanesische Währung
[3] Eritreisches Nomadenvolk, das arabisch spricht, Bekenntnis zum Islam
[4] Währung in Eritrea

Tigre[5] und ich sprach sie auf Tigre an. Sie hatte Mitleid mit uns und lud uns in ihre Hütte ein.

Erst haben wir uns nicht getraut, aber sie sprach freundlich mit uns: „Kommt Jungs, sonst werdet ihr geschnappt".

Wir sind dann doch mit ihr hineingegangen. In der Hütte bekamen wir Wasser und auch etwas zu essen. Dann ging sie hinaus und rief einen Nachbarn. Wir bekamen wieder Angst, weil wir nicht wussten, was als Nächstes passieren würde. Aber der Nachbar begrüßte uns freundlich.

Wir setzten uns alle wieder und die beiden Erwachsenen berieten sich miteinander. Die Frau schlug vor, bei ihr zu bleiben, bis der nächste Bus kommt. Draußen zu warten sei zu gefährlich, gerade vor kurzem wurden einige Jugendliche von den Rashaida entführt, erzählte die Frau. Der Mann fragte uns, ob wir Geld hätten, und wir sagten ihm ehrlich, dass wir nur eritreische Nakfa haben. Er bedauerte, dass er uns nicht aushelfen konnte. Darauf ging die Frau zu den anderen Nachbarn, um sie um Geld für unsere Busfahrt zu bitten, und sie kam tatsächlich mit etwas Geld zurück.

Ein anderer Mann wollte uns sogar für unser eriteisches Geld mit Kamelen nach Kassala bringen, aber die Frau lehnte ab. Sie wollte, dass wir mit dem Bus fahren, der kurz

---

5 Volksgruppe und Sprache aus Eritrea

darauf endlich kam. Wir stiegen ein, bezahlten – und fuhren nicht nach Kassala, sondern nach Wedi-Sherifey, ein großes Flüchtlingslager. Das war viel besser für uns, weil es auf dem Weg nach Kassala zu gefährlich gewesen wäre. Vielleicht wären wir von den Rashaida oder von Schleppern überfallen und entführt worden. Die nette Frau hatte dem Kontrolleur noch gesagt, er solle uns zeigen, wie wir zum Camp kommen. Das tat er auch, hatte aber offensichtlich Angst, in unserer Nähe zu sein. Man hätte ihn für einen Schlepper halten können und dann drohte ihm die Festnahme.

## Wedi-Sherifey

Das Flüchtlingscamp wurde von Soldaten bewacht. Sie ließen uns passieren und durchsuchten uns. Die Messer nahmen sie uns weg, das Geld durften wir behalten. Wir trugen uns in eine Liste ein, um ein Bett und Essen zu bekommen. Alle Betten waren schon belegt, die Soldaten hatten sie den Frauen zugeteilt. Die Männer mussten auf dem Boden schlafen.

Robel und ich gingen durch die große Halle und schauten, ob wir ein bekanntes Gesicht sehen würden. Und tatsächlich trafen wir vier oder fünf Bekannte, darunter sogar jemanden aus meiner ehemaligen Klasse. Einer von ihnen lieh mir sein Handy, so dass ich meine Mutter anrufen konnte, aber sie war nicht erreichbar.

Ich rief dann meine Schwester in Khartum[6] an: „Hallo Asmir, ich bin im Sudan!" Sie war erst geschockt und sagte nichts. Dann stellte sie mir viele Fragen, wie und mit wem ich es geschafft hatte, über die Grenze zu kommen.

„Bleib ruhig", meinte sie, „jetzt kannst du nicht mehr zurück. Mach dir keine Sorgen, ich kümmere mich darum, dass du zu mir nach Khartum kommst. Ich rufe dich morgen wieder an." Danach hat sie auch noch kurz mit Robel gesprochen.

Schon am nächsten Morgen meldete sie sich wieder und schickte über das Handy

---

[6] Hauptstadt vom Sudan

Geld, so dass ich mit meiner Mutter telefonieren konnte. Diesmal erreichte ich sie. Sie hatte ja irgendwie damit gerechnet, dass ich fliehen würde, und verstand meine Gründe. Aber sie war auch traurig, das konnte ich spüren. Meine Schwester hatte mir geraten, keine Details über die Flucht zu erzählen, weil Telefonate abgehört wurden. Wir telefonierten nur kurz.

Meine Mutter machte mir Mut: „Bleib stark".

In Wedi-Sherifey wollte ich nicht bleiben. Von dort aus wird man in ein noch größeres Camp geschickt, wo man jahrelang warten muss, bis man vielleicht nach Europa kommt. Nach zwei Tagen fragte mich meine Schwester Asmir, ob es eine Möglichkeit gäbe, irgendwie aus Wedi-Sherifey herauszukommen. Die anderen Jungs im Camp sagten, dass man einfach über die Mauer klettern kann – man darf sich dabei aber nicht erwischen lassen. Dann würde man von den Soldaten verprügelt, weil sie davon ausgehen, dass man zurück nach Eritrea geht und neue Leute bringt.

Am nächsten Nachmittag rief mich ein Mann namens Osman an. Er sei von Asmir geschickt worden und würde hinter der nahegelegenen Moschee auf mich warten. Die anderen Jungs passten auf, damit mich niemand von den Wachen entdeckte. Ich kletterte über die Mauer. Osman wartete wie vereinbart in einem weißen Pickup auf mich.

Ich hätte mir sehr gewünscht, dass Robel mitkommt. Wir haben schon so viel zusammen durchgemacht und ich wollte ihn eigentlich nicht zurücklassen. Es ging aber nicht anders, weil er kein Geld hatte. Ich gab ihm beim Abschied noch meine restlichen Nakfa. Meine Schwester hat ihm später noch mehr Geld geschickt, damit er telefonieren konnte. Ich vermisste Robel sehr und es war, als hätte ich einen Teil von mir verloren.

## Nach Kassala und Karthum

Mit Osman fuhr ich nach Kassala, ohne Reisepapiere. Um eine Polizeikontrolle zu vermeiden, sind wir auf kleinen, steinigen Nebenstraßen gefahren. Nach einer knappen Stunde erreichten wir Kassala. Ich ging mit Osman nach Hause, wo wir gemeinsam zu Abend aßen. Er gab mir sein Handy, damit ich mit meiner Schwester telefonieren konnte. Sie sagte Osman, dass er mich mit einem Schlepper nach Khartum schicken sollte. Mit öffentlichen Verkehrsmitteln wäre das Risiko, entdeckt zu werden, zu groß.

Ich wartete zwei Tage bei Osman. Er gab mir eine neue Djellaba und Schuhe und wir fuhren in die Stadt. Ich hatte aber Angst, dass sie mich als Flüchtling erkennen. In der Innenstadt waren fast nur Tigre und es wurde meist Tigre gesprochen. Ich war sehr überrascht, denn es kam mir fast vor, als wäre ich wieder in Eritrea.

Wir sind dann in ein Restaurant gegangen. Dort sah ich viele Tigrinya[7], auch der Besitzer war ein Tigrinya. Natürlich erkannten sie mich sofort als einen von ihnen und sprachen mich gleich sehr freundlich an. Wir haben da sehr lecker gegessen.

Weitere zwei Tage später kamen mitten in der Nacht die Schlepper, um mich nach Khartum zu bringen. Osman gab mir etwas Kleingeld

---

[7] Volksgruppe und Sprache in Eritrea

mit, etwa 100 Omla. Das Schlepperfahrzeug hatte verdunkelte Fenster. Unterwegs kamen noch vier Flüchtlinge dazu, drei Männer und ein kleines Mädchen. Nach zwei Stunden mussten wir aussteigen und einen Fluss durchqueren. Dabei mussten wir uns beeilen, denn der Wasserspiegel sollte bald wieder steigen. Dies geht dann sehr schnell und ein Überqueren wird unmöglich. An der tiefsten Stelle stand das Wasser jetzt etwa in Brusthöhe eines erwachsenen Menschen. Deshalb wurde das kleine Mädchen von den Schleppern getragen.

Am anderen Ufer stellte ich fest, dass mein Portemonnaie völlig durchnässt war. Mein ganzes Geld und alle Fotos! Alles war nur noch ein Klumpen Papier und ich warf es weg.

Noch mehr Menschen kamen dazu, wir waren jetzt vielleicht 15 oder 16 Personen. Andere Schlepper kamen und brachten uns zu zwei Pickups, mit denen wir zu einem verlassenen Dorf fuhren, das die Schlepper als Menschenumschlagplatz nutzen. Von dort ging es gleich weiter und wir wurden noch ein paarmal umgeladen, bis wir schließlich in einen Lorie[8] stiegen. Mit dem Lorie erreichten wir Karthum, wo mich meine Schwester abholte. Wir hatten uns so lange nicht gesehen! Die Freude war groß und Asmir umarmte mich zur Begrüßung. Später erfuhr ich, dass

---

[8] Sudanesischer, offener Bus

es im Sudan verboten ist, sich auf der Straße zu umarmen. Zum Glück bekamen wir keinen Ärger.

Am nächsten Morgen wollte ich mich registrieren lassen und Papiere besorgen. Vor der Tür sah ich zwei junge Sudanesen essen. Das Essen sah ziemlich eklig aus und einer der beiden störte sich daran, dass ich ihn angesehen habe. Er kam sehr dicht an mich heran und fragte drohend: „Warum guckst du mich so an?!"

Ich war überrascht und antwortete ausweichend: „Ja, ich muss doch irgendwohin gucken."

Darauf schlug er mir mit seiner vom Essen schmutzigen Hand an den Hals. Ich habe reflexartig zurückgeschlagen. Da kamen gleich noch fünf, sechs sudanesische Jungs dazu und es gab eine Schlägerei. Als Asmir zu uns kam, schickte sie die Jungen mit einer abfälligen Bemerkung weg, sie gehorchten. Danach wollte sie, dass ich das Haus nicht mehr verlasse. Ich bin aber trotzdem hinausgegangen, um mich mit einem Freund zu treffen, der schon länger in Karthum war. Es war tatsächlich nicht ungefährlich, sich auf der Straße aufzuhalten, weil es dort Menschen gab, die gezielt Eritreer ausraubten. Das war auch ein Grund, weshalb ich im Haus bleiben sollte. Natürlich war meine Schwester sauer auf mich, aber dann sagte sie: „Pass auf dich auf", und ich durfte immer das Haus verlassen.

Mein Cousin Mebrahtom war schon ein halbes Jahr im Sudan und wir trafen uns oft. Im Bus mussten wir oft mehr bezahlen als andere Fahrgäste, weil wir Habescha[9] waren. Von uns glaubte man, dass wir Geld haben. Auch im Restaurant mussten wir mehr zahlen. Wir wurden oft von anderen so angeschaut, als wollten sie uns gleich ausrauben. Mebrahtom sagte dann, dass wir lieber gehen sollten und so gingen wir gleich nach dem Essen wieder.

Einmal schickte mich Asmir mit Mebrahtom zum Eierkaufen. Als wir aus dem Laden kamen, fragte uns ein alter Mann, woher wir kommen. Er sagte, wir seien seine Freunde und er liebe Eritreer. Er könne uns helfen und er wohne ganz in der Nähe.

Dann fragte er uns, welche Religion wir haben, und nachdem wir ihm sagten, dass wir Christen sind, schrie er uns an: „Haut ab, was habt ihr hier zu suchen!"

Dabei hatte er uns vorher noch als seine Freunde bezeichnet. Er hatte nur ein großes Mundwerk.

Der Ladenbesitzer aber hielt zu uns und sagte zu ihm: „Lass die Jungs in Ruhe."

Robel war inzwischen durch die Hilfe meiner Schwester auch in Karthum angelangt. Wir hatten die ganze Zeit über telefonischen

---

[9] Angehörige semitisch-sprachiger Volksgruppen wie Tigrinya, Tigre, Amharen

Kontakt. Robel wohnte sogar eine Weile bei Asmir, bis auch er sich auf den Weg nach Libyen machen konnte.

Bei meiner Schwester blieb ich knapp drei Monate, aber ich fühlte mich dort nicht wohl. Ich hatte Angst, von eritreischen Soldaten erwischt und wieder zurück nach Eritrea gebracht zu werden. Als Christ ist es ohnehin schwer im Sudan, weil wir nicht respektiert werden. Ich hatte dort keine Zukunft. Mebrahtom und ich sprachen oft davon, den Sudan in Richtung Europa zu verlassen. Obwohl ich mit Robel immer über alles gesprochen hatte, davon habe ich ihm nichts erzählt. Robels Familie hatte nicht genug Geld, dass er sofort mit uns hätte aufbrechen können. Ich wollte nur raus aus dem Sudan, so schnell wie möglich. Mebrahtom und ich würden alleine aufbrechen. Wir wussten, dass die Reise sehr gefährlich werden würde, aber wir konnten es uns nicht wirklich vorstellen. Hätten wir geahnt, was noch auf uns zukommen würde, wir hätten nicht den Mut dazu gehabt.

## Vom Sudan nach Libyen

Mebrahtom und ich hatten einen Schlepper gefunden, der die Reisekosten vorstrecken würde. Meine Eltern würden anschließend bezahlen. Zuvor hatte er uns noch gesagt, wir sollten auf ein Mädchen namens Timnit aufpassen. Sie war eine Bekannte von ihm und wollte den Sudan ebenfalls verlassen.

Asmir sagte ich nichts von meinen Plänen, sie hätte mich nicht gehen lassen, weil es gefährlich war, und auch, weil sie mich nicht verlieren wollte. Während sie bei der Arbeit war, verließ ich das Haus und ging zu unserem Schlepper. Ich nahm nichts mit. Das war blöd von mir, denn ich hätte gut warme Kleidung für die Wüste brauchen können. Eigentlich sollten wir diese Dinge vom Schlepper bekommen, nachdem wir Karthum verlassen hatten. Aber es gab keine Sachen für uns, der Schlepper hatte uns betrogen. Mich verließ der Mut, denn ich befürchtete, dass es noch schlimmer kommen würde. Aber es gab kein Zurück.

Wir fuhren mit über 100 Personen auf der Ladefläche eines Lastwagens. Es war sehr eng, man konnte sich kaum bewegen. Die meisten mussten stehen, nur wenige konnten auf dem Boden kauern. Die Frauen hatten die etwas sichereren Plätze weiter vorne, die Männer waren hinten, wo man am Ende der Ladefläche auch leichter herausfallen konnte.

Es war wirklich sehr kalt und so gingen wir während eines Zwischenstopps zu einer anderen Gruppe Flüchtlinge, an die gerade Jacken verteilt wurden. Ich sagte, dass wir auch dazu gehörten, in der Hoffnung, dass der Schlepper keinen Überblick hatte über die vielen Menschen. Da bekam ich tatsächlich eine Jacke, aber Mebrahtom und Timnit nicht. Wir stiegen wieder in den Lastwagen.

Kurz vor der Abfahrt kam der Schlepper und hielt eine Jacke hoch: „Wem gehört die?"

Mebrahtom rief: „Das ist meine!" und ein Mann sagte ebenfalls, dass das seine Jacke sei.

Der Schlepper sagte zu ihm: „Du bist doch ein großer Mann und kannst besser durchhalten als dieser Junge."

Und so bekam Mebrahtom die Jacke, die eigentlich nicht seine war. Nur Timnit hatte keine und sie fror entsetzlich, also gab ich ihr meine Jacke. Ich fror aber auch sehr und sprach andere mitfahrende Jungs an, die neben mir standen. Sie hatten nämlich mehrere Jacken übereinander an und einer hat mir eine Jacke abgegeben. So lernte ich Natu und Brhane kennen und wir sollten noch viel zusammen erleben. Wir sprachen miteinander über unser Zuhause und über unsere Fluchtpläne, das lenkte uns von der Kälte ab.

Nach einer Weile rief Timnit nach Mebrahtom und mir, sie weinte. Es war sehr eng und ich konnte nicht zu ihr kommen. Außerdem war es auch nicht erlaubt, seinen Platz zu wechseln, und wenn die Schlepper das bemerkt hätten, dann hätten sie mich geschlagen. Die Frauen, die bei Timnit in der Nähe saßen, dachten, sie weinte nur, um mehr Platz zu bekommen. Sie weinte heftiger, Mebrahtom war aber weiter weg von ihr als ich. Also drängte ich mich doch zu Timnit durch, natürlich unter Protest der Männer, die ich zur Seite schieben musste.

Timnits Fuß klemmte zwischen zwei Säcken fest. Wir saßen und standen direkt auf der Ladung, was den Druck noch vergrößerte. Die Ladung war unser Proviant für die Fahrt. Die Lebensmittel waren nicht in Kisten, sondern in großen Säcken verpackt, daher gab es Zwischenräume. Wenn man dort mit dem Fuß hineinrutschte, konnte man sich wirklich verletzen. Genau das ist mit Timnits Fuß passiert, und wenn wir noch etwas länger gewartet hätten, hätte sie sich den Fuß bestimmt gebrochen.

Immerhin ist dann die Frau neben Timnit von ihrem Platz aufgestanden. Bis dahin hatte sie sich nämlich geweigert, denn sie meinte, der Fuß sei gar nicht eingeklemmt. Endlich konnten wir versuchen, den Fuß herauszubekommen, aber das ging nicht, er klemmte zu fest unter einem Sack. Mit Hilfe der anderen Frauen schafften wir es, den Sack etwas anzuheben und den Fuß frei zu bekommen. Nicht nur Timnits Fuß war verletzt, sondern auch ihr Knie war verdreht. Sie konnte weder stehen noch das Knie beugen.

Die Frauen waren aber nicht bereit, Platz für Timnits ausgestrecktes Bein zu machen.

„Du musst durchhalten", forderten sie.

Da schlugen die Männer vom Ende der Ladefläche vor, Timnit nach hinten zu holen. Hier gab es zwar noch weniger Platz als bei den Frauen, aber die Männer waren bereit zusammenzurücken, damit Timnit sitzen konnte. So konnte sie auch langsam damit anfangen, ihr Bein zu bewegen, damit ihr Knie nicht anschwillt. Ich habe mich dann zurück zu meinem Platz bei Natu und Brhane gedrängt.

Wir fuhren 21 Stunden, ohne Unterbrechung. Die Schlepper sagten uns, wir sollten während der Fahrt essen und trinken. Wir saßen ja quasi auf den Lebensmitteln, aber es war zu eng, um gut an die Sachen heranzukommen. Es gab also nur Kleinigkeiten, die jemand aus einem der Säcke klauben konnte. Einige der Sachen waren mittlerweile auch schon zertreten. Von den Getränken war einiges ausgelaufen, viele hatten davon nasse und klebrige Füße.

Endlich gab es eine Pause, drei Stunden durften wir uns ausruhen. Wir hielten zwischen zwei großen Dünen, wo man uns nicht sehen konnte. Dort stiegen wir aus. Einige Männer nahmen etwas von den Lebensmitteln mit zum Lagerplatz. Wir waren alle völlig fertig, aßen eine Kleinigkeit und schliefen sofort ein. Es wurde bitterkalt und einige gruben Löcher in den Sand, um noch etwas von der Wärme des Tages abzubekommen. Ich war zu müde, um noch zu graben. Nach drei Stunden wurden wir geweckt. Unsere Hände waren so kalt geworden, dass wir sie nicht benutzen konnten. Sie waren richtig steif gefroren, absolut gefühllos. Nicht einmal Schmerzen konnte ich empfinden.

Mit diesen unbrauchbaren Händen konnten wir nicht einsteigen, weil wir uns nicht festhalten konnten. Deshalb gingen wir vorn zu den Frauen, die hatten eine Leiter, über die sie in den Lastwagen klettern konnten.

Sie riefen: „Wollt ihr auf die Kinder treten? Ihr müsst hinten bei den Männern einsteigen."

Ich bin aber trotzdem vorn eingestiegen und dann über die Ladefläche gerobbt, mit einem Bein außerhalb der Ladefläche, weil nicht genug Platz war. Die anderen Männer schoben mich immer weiter nach hinten, weil sie nicht wollten, dass ich sie von ihrem Platz verdränge. Mebrahtom ist hinten eingestiegen. Andere Männer haben ihn reingezogen. Schließlich waren wir vier Jungs wieder beisammen und Timnit vorn bei den Frauen, wo sie einen besseren Platz bekommen hatte. Nach kurzer Fahrtzeit begannen meine Hände zu schmerzen, weil sie langsam wieder durchblutet wurden. Ich rieb sie kräftig, damit wurde es besser. Natu hatte sich aber an der Hand verletzt beim Versuch, mit seinen gefühllosen Händen einzusteigen.

Die nächste Etappe dauerte wieder 15 oder 16 Stunden. Es gab keine einzige Pause. Dann wurden wir den libyschen Schleppern übergeben. Sie schrien uns auf Arabisch an, dass wir schnell aussteigen sollten und schlugen mit großen Schraubenschlüsseln auf uns Männer ein. Sie schlugen auch gegen das Metall des Lastwagens, damit wir schneller aussteigen. Wir sollten uns in drei Gruppen aufteilen. Die Schlepper fragten in die Gruppe, wer Arabisch spricht, aber niemand traute sich, etwas zu sagen. Außerdem konnte man sie nur ganz schlecht verstehen. Ihr Arabisch klang anders als ich es kannte. Die sudanesischen Schlepper holten ein paar Jungs, von denen sie wussten, dass sie arabisch konnten. Mich haben sie zum Glück nicht geholt. Die Jungs mussten übersetzen, auch wenn sie kaum etwas verstehen konnten. Sie machten dabei natürlich Fehler und dafür gab es Schläge von den Schleppern.

Meine Gruppe war die größte Gruppe und bestand aus 37 Personen, davon 6 Frauen. Die Fahrzeuge waren Pickups, die für die Fahrt durch die Wüste geeignet waren. Auf der Ladefläche gab es eine bestimmte Aufstellung: Die größten und kräftigsten Männer standen außen und hinten. Sie mussten sich aneinander festhalten, um nicht aus dem Wagen zu fallen. Dann gab es einen inneren Kreis mit den etwas kleineren Männern, so auch ich. Die kleinsten und schwächsten kauerten innen. Ganz außen an den Seiten saßen auch noch Männer, die hatten die Beine über der Seitenwand nach draußen hängen und lehnten sich an die stehenden Männer an, damit diese nicht so leicht herausfallen konnten. Direkt hinter der Fahrerkabine waren die Benzinkanister gelagert. Auf und vor den Kanistern saßen die Frauen.

Es war unglaublich eng. Als wir mit Pickups von Kassala nach Karthum gefahren sind, waren wir ungefähr 26 Personen und es war schon eng und ungemütlich. Ich hätte nicht geglaubt, dass 37 Personen überhaupt auf einem Pickup Platz finden könnten. Wir konnten uns nicht bewegen und wer saß, konnte auch nicht richtig atmen.

Vom Proviant durften wir nichts mitnehmen, nicht mal Wasser. Es gab auch gar keinen Platz dafür. Nur der Pickup, auf dem fast alle Frauen saßen, hatte etwas Wasser für die Kinder mitgenommen. Die Schlepper sagten uns, wir würden nur einen Tag unterwegs sein, das ginge auch ohne Verpflegung. Die Fahrer rauchten Haschisch oder etwas Ähnliches und tranken Alkohol. Unser Fahrer war total verrückt. Er fuhr sehr riskant und rücksichtslos und verließ auch den Konvoi. Durch die schnelle Fahrt wurde sehr viel Staub und Erde aufgewirbelt, das bekamen wir ins Gesicht. Wir konnten den Wagen hinter uns oft nicht sehen. Die Piste war steinig und sehr uneben und wir wurden sehr durchgerüttelt. Manchmal fiel ein Mann aus dem Pickup. Dann haben wir an die

Fahrerkabine geklopft, der Fahrer stoppte, so dass wir den Herausgefallenen wieder aufnehmen konnten. Das gab jedes Mal Prügel mit dem Schraubenschlüssel von den Schleppern für den, der herausgefallen war, aber auch für diejenigen, die außen saßen.

So fuhren wir weiter mit unserem verrückten Fahrer. Die beiden anderen Pickups folgten uns, manchmal mit einigem Abstand, während wir auf sie warteten ohne auszusteigen. Wir Männer waren sehr erschöpft vom Durst und dem ständigen Stehen oder dem viel zu engen Sitzen. Den Frauen ging es etwas besser, weil sie mehr Platz hatten und auch etwas mehr Wasser. Einige der Männer brachen zusammen, dadurch konnten sich die anderen nicht mehr aneinander festhalten. Das bedeutete für sie das Risiko, ebenfalls umzufallen. Also klopften wir an die Fahrerkabine.

Zornig und mit erhobenem Schraubenschlüssel stieg der Fahrer aus und schrie uns an: „Wer nochmal bei mir klopft, den werfe ich aus dem Pickup, und wer nicht mehr kann, der fliegt ebenfalls. Und ihr werdet sie dann begraben."

Ein Mitfahrer aus dem Sudan schlug vor, diejenigen, die nicht mehr stehen können, in die Mitte zu nehmen und dafür jemanden aus der Mitte in den Außenkreis zu stellen. Der Schlepper hat das aber nicht akzeptiert, er wollte sofort weiterfahren. Er versprach uns aber, nach kurzer Zeit eine Pause zu machen. Stattdessen fuhren wir aber noch etwa sechs Stunden weiter. In dieser Zeit brach immer wieder jemand zusammen und fiel auf die anderen Mitfahrenden. Von den Nebenmännern musste er wieder hochgezogen und gestützt werden.

Bei einem kurzen Zwischenstopp brachten uns die Frauen aus den anderen Pickups etwas Wasser. Es war aber nicht genug, um unseren Durst zu stillen. Aber immerhin konnten wir damit unsere ausgetrockneten Münder ein wenig ausspülen. Wir nutzten die Gelegenheit, um den völlig Erschöpften „bessere" Plätze zu geben, so wie es der Sudanese vorgeschlagen hatte. Mein neuer Platz war außen sitzend, mit den Beinen über der Seitenwand.

Die nächste Etappe dauerte etwa 10 Stunden. Dann kamen zwei weitere Pickups dazu. Die Fahrer hatten Wasser in Kanistern und Flaschen, Lebensmittel und Benzin mitgebracht. Wir sollten uns aufteilen, eine Hälfte sollte in einen der neuen Pickups umsteigen. Wenig später stoppten alle fünf Pickups an einer geschützten Stelle. Der Schlepper sah, dass wir vom Flaschenwasser getrunken hatten. Wider Erwarten hat er uns nicht angeschrien. Wir sollten aussteigen und die großen Wasserkanister ausladen. Die waren aber viel zu schwer für uns, auch deshalb, weil wir gar keine Kraft mehr hatten. Die kräftigsten Männer schoben die Kanister an den Rand der Ladefläche. Von dort wurde das Wasser in kleinen Plastikbechern verteilt. Die ersten, die davon getrunken hatten, spuckten das Wasser sofort wieder aus, denn es war mit Benzin verunreinigt, das vorher offenbar in den Kanistern gewesen war. Das Wasser aus allen drei Kanistern war ungenießbar. Einige spülten damit dennoch ihren Mund aus, weil sie es sonst nicht mehr aushielten. Es gab auch Brot, jeweils einen Laib für zwei Personen, und Marmelade in kleinen Dosen. Ohne Wasser konnte man das trockene Brot aber nicht herunterbekommen. Ich hatte ja zum Glück schon etwas getrunken, daher konnte ich auch ein wenig essen.

Manche Männer haben von den Frauen Wasser bekommen, wahrscheinlich, weil sie sich kannten. Timnit brachte Mebrahtom auch eine Flasche Wasser, die er mit Natu und Brhane teilte.

Wir setzten die Fahrt fort. Im Vergleich zu vorher - 37 Personen auf einem Pickup zusammengequetscht - hatten wir jetzt geradezu gemütliche Plätze. Wir waren nun 20 Personen. Nach einigen Stunden stoppten wir erneut kurz vor der libyschen Grenze. Um nicht gesehen zu werden, spannten wir über die Ladeflächen Zeltplanen, unter denen wir sitzen konnten. Unter den Planen war es unglaublich heiß und stickig, weil keine Luft zirkulieren konnte. Wir waren alle völlig verschwitzt, obwohl wir kaum Wasser getrunken hatten. Viele sind bewusstlos geworden.

## Im Lager in Bengasi (Bilkazi)

Nach einigen Stunden hielten wir an, um auf den Schutz der Dunkelheit zu warten. Als Nächstes würden wir durch die Stadt Bengasi fahren und durften nicht gesehen werden. Wieder mussten wir auf der Ladefläche bleiben, aber die Plane durften wir öffnen, um wenigstens besser atmen zu können. Nur die Frauen durften mit den Kindern kurz die Pickups verlassen. Als es dunkel geworden war, setzten wir unsere Fahrt mit verschlossener Plane durch Bengasi fort, bis wir zu einem großen Hof kamen. Dort forderte man uns sehr unfreundlich auf Tigrinya zum Aussteigen auf.

Wir sollten uns in Reihen auf den Boden hocken. Zuerst wurden die Frauen in ein Haus geschickt. Wir Männer mussten uns mit jeweils 10 Personen in einen Kreis setzen und bekamen dann Wasser und Pasta, ungesalzen und zu Matsch verkocht. Wir konnten diese Pampe nicht essen, es war zu eklig. Danach durften wir endlich unsere Hände waschen und kamen in die Häuser für Männer, davon gab es insgesamt drei.

Innen war es dunkel, es gab kaum Platz zum Schlafen. Man konnte nur dicht aneinander gedrängt auf der Seite liegen. Unser Platz war direkt neben den Toiletten und es stank fürchterlich, wir konnten so nicht schlafen. Deshalb klopften wir an die Tür, um einen der Schlepper zu holen. Der

Schlepper namens Salah kam mit einem Stock um sich schlagend herein. Dabei schrie er, dass wir gefälligst ruhig bleiben sollten und es akzeptieren müssten wie es nun mal sei.

Ein großer und kräftiger Junge aus Asmara namens Mikaele hielt den Stock fest und sagte zu Salah: „Warum schlägst du uns? Lass uns nach draußen, wo es nicht so stinkt, wir werden keine Ruhe geben."

Salah rief die anderen Schlepper, die sofort kamen und Mikaele nach draußen zogen. Er wehrte sich nach Kräften. Niemand traute sich, ihm zu helfen. Dann haben ihn die Schlepper verprügelt. Sie brachen Mikaele einen Arm, übergossen ihn mit Wasser und ließen ihn dann einfach liegen.

Am nächsten Morgen durften wir zum Frühstücken das Haus verlassen. Wir fanden Mikaele im Hof, wo ihn die Schläger am Abend zuvor verprügelt hatten. Ein Flüchtling richtete seinen Arm, während der Schlepper Salah auf die Umstehenden einschlug. Wir waren aber zu viele und er konnte nicht zu dem Verletzten durchkommen. Irgendwann gab Salah auf. Währenddessen bekam Mikaele eine Schlinge aus einem T-Shirt für seinen gebrochenen Arm.

Zum Frühstück gab es die gleiche Pasta-Pampe wie zum Abendessen, wieder in Zehnergruppen. Die Männer, die schon länger im Lager waren, hatten sich offenbar daran gewöhnt, denn sie aßen die Pampe ganz schnell. Es gab ja auch nichts anderes. Wir zwangen uns zu essen, denn wir hatten großen Hunger. Zum Sattwerden reichte es aber nicht. Viele wurden krank, vom Essen, von der Enge und vom Dreck.

Es gab ein Haus nur für die Frauen, im Gegensatz zu unserem Haus hatte es Fenster, die Türen waren immer offen. Wir dagegen wurden nur morgens und abends zu den Mahlzeiten in den Hof gelassen. Die Frauen durften jederzeit in den Hof gehen, bei ihnen befürchtete man nicht, dass sie weglaufen würden. Wir waren Gefangene der Schlepper, bis wir das Geld bezahlt hatten.

Viele Frauen wurden von den Schleppern vergewaltigt. Besonders schlimm daran ist, dass die Schlepper ebenfalls aus Eritrea kamen, also Brüder waren. Zu den Mahlzeiten wurden immer ein paar Männer von uns ausgewählt, um zu kochen. Sie waren also schon vor den Mahlzeiten im Hof und hatten die Vergewaltigungen mitbekommen. Wir haben auch durch die kleinen Löcher in unserer Hauswand genug gesehen, um von der sexuellen Gewalt zu wissen.

So wurden wir auch Zeugen eines weiteren schlimmen Vorfalls: Salah hatte mit seiner Pistole zwei Mädchen bedroht. Nacheinander zielte er auf sie und drückte ab. Aber die Pistole funktionierte nicht. Danach hielt er die Pistole an seine eigene Schläfe, vermutlich weil er überzeugt war, dass seine Waffe wieder versagte. Diesmal funktionierte sie. Er schoss sich den Kopf kaputt.

Wir liefen, trotz des Verbots, sofort hinaus, die Köche hatten uns die Tür aufgeschlossen. Als wir im Hof ankamen, war nur noch ein großer Blutfleck auf dem Boden sichtbar, Salah war bereits weggebracht worden. Die beiden Mädchen sind vor Entsetzen bewusstlos geworden. Ich habe die libyschen Schlepper lachen hören und mitbekommen, wie sie auf Arabisch sagten, wie dumm Salah gewesen war.

Um schneller das Geld zu bekommen, dachten sich die Schlepper Dinge aus, mit denen sie unsere Not vergrößern und damit unsere Familien zu Hause unter Druck setzen konnten. Ein neues Haus sollte gebaut werden und wir mussten unter Bewachung die Mauersteine in den Hof schleppen. Dafür wurden diejenigen ausgewählt, die bisher noch nicht bezahlt hatten, auch ich. Es waren unglaublich viele Steine und wir schufteten bis zur Erschöpfung. Dabei waren wir ja ohnehin schon geschwächt. Wenn jemand nicht mehr konnte, wurde er geschlagen – von einem eritreischen Bruder. So ging das mehrere Tage, bis auch mein Geld bezahlt war. Das hatte sich verzögert, weil es nicht einfach ist, von Eritrea Geld nach Libyen zu schicken.

Nach dem Geldeingang wurde ich etwas besser behandelt und ich hätte sogar weglaufen können. Aber außerhalb des Lagers wäre ich mit Sicherheit von anderen Schleppern gefangengenommen worden und die hätten meine Familie erpresst. Also blieb ich, wo ich war.

## Im Gefängnis in Misrata

Nach etwa drei Wochen ging es nach Tripolis weiter. Glücklicherweise hatten auch Mebrahtom, Natu und Brhane bezahlt und so konnten wir zusammenbleiben. Timnit hatte schon lange vor uns bezahlen können. Sie war bereits in Tripolis angekommen, das hatten uns die Schlepper erzählt.

Wir wurden mit zwei Pickups zunächst in ein anderes Lager in Bengasi gebracht. Da war eine große Halle voller Menschen, die nach Tripolis fahren wollten. Die Schlepper suchten einige der kräftigsten Männer aus, die die Lastwagen für die gefährliche Fahrt vorbereiten mussten. Es waren drei große Lastwagen, auf denen jeweils etwa 150 Personen transportiert werden sollten. Auf den Ladeflächen wurden aus Rundhölzern Gestelle gebaut. Auf die Gestelle wurden zur Tarnung große Säcke mit Salz gepackt. Darüber wurde dann eine Plane gespannt. Unter den Gestellen saßen wir auf etwas Stroh, dicht an dicht; ein aufrechtes Sitzen war nicht möglich. Die Schlepper sagten, falls Salzsäcke auf uns herunterfallen sollten, dürften wir auf keinen Fall um Hilfe rufen, sondern müssten die Säcke festhalten. Die Fahrt durfte unter keinen Umständen unterbrochen werden. Man durfte nichts von uns mitbekommen. Andernfalls hätten wir in die Fänge anderer Schlepper oder IS-Terroristen gelangen können, was für uns als Christen tödlich gewesen wäre.

Nach einigen Stunden Fahrt durch die Wüste hielten wir nachts an und alle sollten aussteigen. Wir wären trotz der Enge lieber auf der Ladefläche geblieben, denn draußen war es bitterkalt. Salz und Holzgestelle wurden weggeworfen und wir stiegen wieder ein. Die Plane lag jetzt direkt auf unseren Köpfen. So fuhren wir bis zum Sonnenaufgang weiter. Wir hatten kein Wasser mitnehmen können, denn es gab in Bengasi keine Flaschen. Nur die Frauen hatten Wasser dabei, auch weil sie Kinder hatten. Viele von uns mussten dennoch dringend Wasser lassen, aber wir durften nicht um Unterbrechung der Fahrt bitten. Manche der Frauen haben in ihre Kleider gepinkelt. Wir Männer hatten es einfacher, denn wir benutzten reihum eine inzwischen leere Wasserflasche, um uns zu erleichtern.

Am Nachmittag erreichten wir die Straße und dort wurden wir gleich von Soldaten angehalten und durchsucht. Weil wir illegal waren, wurden wir gezwungen, umringt von Militärfahrzeugen, direkt nach Misrata ins Gefängnis zu fahren. Beim Aussteigen mussten wir uns in Reihen aufstellen, Frauen und Männer getrennt. Wir wurden aufgeteilt und in Gruppen zu etwa 50 Personen in verschiedene Räume geschickt, in denen bereits etwa die gleiche Anzahl Gefangene waren. Wieder konnten wir vier Jungs zusammenbleiben.

Für jeden gab es eine schmale, schmutzige Matratze - immerhin. Nach etwa einem Monat ohne Dusche konnten wir uns endlich waschen. Viele wollten das und es gab eine lange Reihe vor den drei Duschkabinen. Das Wasser holten wir von draußen mit einem Eimer und benutzten einen Becher, um das Wasser über uns zu gießen. Die Essensrationen waren immer zu klein und man musste sehr lange dafür anstehen, aber im Vergleich zu Bengasi war das Essen viel besser.

Ein paar Tage später versuchten nachts ein paar Mitgefangene, das Gitterfenster herauszureißen, um zu fliehen. Das bekamen die Soldaten mit, die unten auf der Straße patrouillierten. Sofort stürmten zwei total betrunkene Soldaten unseren Saal. Einer kippte den Eimer mit dem Trinkwasser für die Nacht über mich und meine Matratze. Sie trampelten über uns und schlugen mit Plastikschläuchen auf uns ein. Dann fragten sie, wer versucht hatte, das Fenster zu zerstören, aber alle schwiegen. Wenn die Männer das Fenster hätten herausnehmen können, wären wir ja auch geflohen, deshalb verrieten wir sie nicht. Dafür gab es weitere Schläge, bis die Soldaten müde wurden und weggingen. Am nächsten Morgen kamen die beiden zusammen mit ihrem Vorgesetzten wieder. Der fragte uns, ob wir das Fenster kaputtmachen wollten. Wir sagten nein und die drei Soldaten suchten sämtliche Fenster nach

Beschädigungen ab. Aber sie konnten zum Glück nichts finden. Dann stritten die beiden Soldaten mit ihrem Vorgesetzten, weil nun Aussage gegen Aussage stand und es keine Beweise gab. Sie gingen im Streit hinaus.

Wenige Tage später riefen die Soldaten alle Gefangenen zusammen und sagten, dass sie alle Männer nach Tripolis bringen wollten. Wir wunderten uns darüber und waren gleichzeitig sehr glücklich. Wir dachten, endlich kommen wir zum Mittelmeer. Es kamen viele Busse, es gab für jeden einen Sitzplatz. Ich fuhr zusammen mit Mebrahtom, Natu und Brhane mit dem zweiten Bus. Die Scheiben hatten Vorhänge, welche wir nicht öffnen durften. Wir ahnten, dass die Fahrt gefährlich werden könnte.

Nach zwei Stunden Fahrt wurden wir von bewaffneten Soldaten angehalten. Sie stiegen zu uns in die Busse und passten auf, dass wir nicht die Vorhänge bewegten. Wer das tat, wurde mit den Kalaschnikows geschlagen, selbst wenn jemand unabsichtlich den Vorhang berührte. Wir durften keinesfalls von außen gesehen werden, denn dann hätten die Milizen der anderen Städte auf uns geschossen.

## Im Gefängnis Atosha

Nach kurzer Fahrt durch kleine Nebenstraßen erreichten wir in einem Vorort von Tripolis ein weiteres Gefängnis namens Atosha.

In einem großen Hof umgeben von hohen Häusern stiegen wir aus. In den Häusern gab es große Säle mit vielen, sehr schmutzigen Matratzen, die in langen Reihen lagen, nur ein fußbreit Platz dazwischen. Genug Platz zum Ausstrecken hatten wir nicht. In unserem Saal gab es mehr als 150 Männer aus unterschiedlichen afrikanischen Ländern, die meisten aus Eritrea und Somalia. Zu essen gab es wieder zu Matsch gekochte Pasta mit etwas Soße. Jeder bekam zwei Kellen voll – viel zu wenig zum Sattwerden. Wenn das Essen kam, liefen alle schnell zur sonst geschlossenen Tür. Alle waren sehr hungrig und drängten nach vorn. Wer ganz vorne stand, wurde von den Soldaten beschimpft und geschlagen. Wir mussten in einer Reihe anstehen, es dauerte sehr lange, bis das Essen verteilt war. Immer wenn der Boss vorbeikam, hatten wir ihn militärisch zu grüßen: strammstehen, Hand an die Schläfe, und etwas auf Arabisch sagen, ich habe aber vergessen, was das war.

Jeden Morgen und jeden Abend mussten wir uns zum Appell in den Hof in einer exakten Reihe aufstellen. Wer nur ein wenig schief stand, wurde mit dem Pistolengriff hart geschlagen. Dann mussten wir „Allahu Akbar" rufen und danach hatten wir Gebete aus dem Koran aufzusagen, die ein muslimischer Mitgefangener vorbeten musste. Dabei konnten die meisten gar kein Arabisch. Wer etwas falsch aussprach, wurde geschlagen. Die Soldaten gingen extra durch die Reihen, um unsere Aussprache zu hören. Es kam auch vor, dass jemand keine Kraft mehr hatte zum endlosen Stehen. Es gab Ältere und Kranke und viele hatten die Krätze. Wer umfiel, egal warum, wurde von den Soldaten übelst beschimpft, geschlagen und getreten. Selbst wer sich nur kratzte, bekam Prügel. Erst nach dem Appell durften wir die Verletzten ins Haus tragen.

Einmal nahm ein Soldat einen somalischen Mitgefangenen beiseite und bot ihm an, ihn für viel Geld freizulassen, aber er solle es niemandem erzählen. Der Mitgefangene erzählte das aber doch seinen Freunden und diese baten den Soldaten dann ebenfalls, sie gegen Zahlung eines Lösegeldes freizulassen. Darauf fragte der Soldat, woher sie das wüssten und sie mussten ihren Freund verraten. Dieser wurde daraufhin fertiggemacht. Ich wäre lieber tot als so zugerichtet zu werden. Wir Eritreer hatten uns abgesprochen, dass keiner von uns allein mit einem der Soldaten solche Geschäfte machen würde. Entweder konnten wir alle gehen oder keiner.

Eines Morgens kam ein dicker Mann zum Verteilen der Essensrationen. Er wollte, dass wir uns in Zehnerreihen aufstellen. Dann kam er zu der Reihe, in der Natu, Brhane und ich standen. Er hat uns mit einem Elektroschocker am Arm traktiert. Wir zuckten am ganzen Körper und der Mann lachte. Er hatte gezielt uns als Jüngste der männlichen Flüchtlinge herausgesucht. Manchen hielt er das Gerät sogar an den Kopf, einfach weil er dabei Spaß hatte. Natu kam besonders oft dran, weil er oft vorne um Essen anstand. Der dicke Mann hat das immer gemacht, er suchte förmlich nach uns. Er hatte überhaupt kein Mitleid.

Natu hatte von dem Mitgefangenen gehört, der einem Soldaten Geld für seine Freilassung geboten hatte und wollte auch sein Glück versuchen. Er hatte durchaus mitbekommen, dass der Gefangene danach verprügelt worden ist. Einzelgeschäfte am Schlepper vorbei waren eben nicht erlaubt. Wenn das bekannt wurde, gab es richtig Ärger. Trotzdem hatte Natu einen anderen Soldaten angesprochen, noch dazu vor allen Leuten. Es dauerte eine Weile, bis der Soldat verstanden hatte, was Natu wollte, weil Natu kaum Arabisch konnte. Darauf hat dieser Soldat sofort den Elektroschocker rausgeholt und Natu damit überall traktiert. Er hat ihn auch geschlagen und getreten, bis er am Boden lag und sich nicht mehr rührte. Erst als der Soldat müde wurde, ließ er von Natu ab. Wir haben ihn versorgt, so gut wir konnten. Natu war voller Blut und Dreck, aber wir hatten kaum Wasser, um ihn zu reinigen. Natu hatte dabei große Schmerzen und hat sehr geweint. Der Dreck ist durch das Wasser in die Wunden gespült worden und davon haben sie sich später entzündet. Natu musste auch seine schmutzigen Kleider wieder anziehen, weil er keine anderen hatte. Der Heilungsprozess hat sehr lange gedauert und Natu hat viel gelitten.

Kaum hatten wir Natu notdürftig versorgt, kamen mehrere Soldaten an die Tür und fingen an, auf uns zu schießen. Wir versteckten uns in Todesangst unter unseren Matratzen und die Soldaten lachten uns aus. Bevor sie weggingen, warnten sie uns noch, dass wir nie wieder einem Soldaten Geld anbieten sollten. Keiner von uns war verletzt und wenn es scharfe Munition gewesen wäre, dann wäre die auch durch die Matratzen durchgedrungen. Es mussten also Platzpatronen gewesen sein, wir sollten bloß Angst bekommen.

Alle im Lager waren an Krätze erkrankt. Ein Mann hatte davon offene Wunden, er konnte keine Kleidung tragen, weil der Stoff an den Wunden festgeklebt wäre. Wir haben einen möglichst großen Bogen um ihn gemacht, um uns nicht weiter anzustecken. Wir bekamen zwar eine Salbe gegen die Krätze, aber die brannte nur und war wirkungslos. Bei mir waren nur Arme und Beine betroffen. Natu hatte wegen der Verletzungen die Krätze am ganzen Körper bekommen.

In unserer Halle waren etwa die Hälfte der Gefangenen Christen. Die Muslime beteten in einer Hälfte, die Christen in der anderen Hälfte des Raumes. Kam aber jemand an die Tür, mussten wir Christen sofort aufhören zu beten, denn das hätte schlimme Strafen bedeutet. Für uns war das schrecklich, weil man das Beten nicht unterbrechen darf. Außerdem war es uns sehr wichtig, denn wir schöpften daraus Kraft. Immerhin haben uns die mitgefangenen Muslime nicht verraten.

Ein paar Nigerianer wollten durch die Wand der Toilette fliehen. Diese Wand war dünner als die anderen Wände und so hofften sie, die Wand irgendwie durchbrechen zu können. Es gab aber kein geeignetes Werkzeug. Wir alle kratzten abwechselnd mit den Fingern an der Wand, bestimmt zwei Wochen lang, aber es brachte fast nichts. Wir mussten aufgeben.

Einige Tage später gerieten verschiedene Soldatengruppen in Streit. Es ging um uns: Jeder wollte an uns verdienen. Als wir zur Frühstückszeit rauskommen mussten, sagte ein Soldat zu uns, dass wir fliehen sollten, weil es Krieg zwischen den Soldaten gäbe. Er riet uns, über die Mauer zu klettern. Würden wir durch das Tor fliehen, hätte man uns alle sofort erschossen.

Wir knoteten unsere T-Shirts zu einem dicken Seil. Dann bildeten wir einen hohen Turm aus 3 Männern, um das Seil auf die andere Seite der Mauer zu werfen. Einer der Gefangenen stieg über diesen Menschenturm auf die Mauer und sprang auf der anderen Seite wieder herunter. Dort hielt er das Seil fest und so konnten viele von uns über die Mauer entkommen. Auf der anderen Seite war zum Glück sandiger Boden, so dass wir nicht zu hart aufkamen. Dennoch hatten sich fast alle an den Beinen verletzt.

Eigentlich sollten wir Jungen zuletzt über die Mauer klettern, damit uns die

Erwachsenen auffangen konnten. Aber ich wollte unbedingt raus und war einer der Ersten. Ich wurde nicht aufgefangen, sondern konnte mich von der Mauer das erste Stück langsam rückwärts herunterlassen. Obwohl die anderen mich drängten zu springen, weil das schneller ging. So wurde ich aber glücklicherweise nicht verletzt. Natu, Mebrahtom und Brhane mussten warten und mit den anderen Jungen rüberklettern, also wartete ich auf sie auf der anderen Seite.

## Flucht vor Zwangsarbeit

Wir hatten alle große Angst. Überall waren Schüsse zu hören. Weil der Schall an der Mauer und an den Gebäuden reflektierte, konnten wir nicht erkennen, woher die Schüsse kamen. Wir wussten nicht, wohin wir gehen sollten, also liefen wir zu den nächsten Häusern. Deren Bewohner haben unsere Flucht durch die Fenster bemerkt und sie gaben uns Wasser und Essen. Einige von uns wurden von den Bewohnern in die Häuser gelassen, aber Natu, Brhane und Mebrahtom und ich liefen hinter einer Gruppe Männer her, die wir kannten und denen wir vertrauten. Sie hatten meinen Freunden bei der Mauer geholfen und uns immer wieder Mut gemacht. Ich trug leider keine guten Schuhe und konnte nur schlecht damit laufen. Aber andere hatten gar keine Schuhe und der Weg war steinig und voller Dornen. Davon bekamen einige Männer blutige Füße, aber sie liefen trotzdem unter großen Schmerzen weiter.

Nach etwa einer Stunde kamen wir zu einem Rohbau. Dort waren ein paar Männer, die sagten, hier können wir uns ausruhen. Wir waren noch 42 Personen. Die Männer brachten uns Decken und Teppiche, auf die wir uns legen konnten. Sie gaben uns Wasser in einem Eimer, das wir aus Bechern trinken konnten. Es war zu wenig Essen da, aber es hat gutgetan. Am Abend gab es Probleme.

Wir wurden gefragt, wer von uns Koran lesen und beten könne. Die Muslime unter uns meldeten sich.

„Und was ist mit den anderen?", fragte der Mann, aber niemand antwortete. Darauf fragte er einen Mann direkt und der antwortete, dass er Christ sei.

„Wer ist hier noch Christ?", fragte er und wir meldeten uns. Dreiviertel von uns waren Christen, deshalb wurden wir von den Muslimen getrennt.

Er fragte uns alle: „Was ist euer Ziel?" „Das Meer überqueren und nach Europa kommen", antworteten wir.

Er griff sich einen muslimischen Jungen und befahl ihm, aus dem Koran zu beten. Daraufhin wollte der Mann ihn mitnehmen zur Moschee, wo der Junge seinen Kindern Koranlesen beibringen sollte. Auch die anderen Muslime sollten mitkommen, um bei ihm gegen Bezahlung zu arbeiten.

Aber das wollten sie nicht und der Junge sagte: „Mein Ziel ist nicht, hierzubleiben. Ich will zum Meer nach Tripolis."

Auch zu uns Christen sagte er: „Ihr werdet hier bei mir bleiben und bei mir im Garten und bei den Herden arbeiten." Aber keiner wollte dortbleiben.

Er sagte: „Überlegt es euch" und ließ uns über Nacht alleine. Am nächsten Morgen kam er wieder und fragte uns nach unserer Entscheidung. Wir blieben aber dabei, wir wollten über das Meer nach Europa. Einige

Jungs baten ihn um Hilfe, um nach Tripolis zu gelangen, aber er sagte, das sei unmöglich, denn Tripolis sei weit weg. Er hatte uns angelogen, Tripolis war ganz in der Nähe. Er wollte uns nur als Arbeitssklaven behalten.

„Dann wollen wir jetzt gehen", sagten wir.

„Wo wollt ihr denn hingehen?"

„Nach Tripolis, sag uns nur, in welche Richtung wir gehen sollen."

„Nein, mach ich nicht, warum soll ich euch denn helfen, wenn ihr nicht bei mir bleiben wollt?"

„Wir gehen jetzt."

„Dann wartet mal, ich helfe euch doch."

Also warteten wir. Schon nach wenigen Minuten kamen bewaffnete Soldaten auf zwei Pickups. Als sie ausstiegen, war ich zum Glück ganz hinten in diesem Rohbau. Diejenigen, die vorne im Flur waren, mussten sofort in die Pickups einsteigen. Auch Mebrahtom, Natu und Brhane mussten mit. Ich konnte, zusammen mit ein paar anderen Jungs, hinten aus dem Fenster springen und weglaufen. Die Soldaten haben das aber gesehen und sofort geschossen, sie trafen uns aber nicht. Gottseidank war vor uns ein Wald, da waren wir in Sicherheit.

Wir liefen etwa eine halbe Stunde weiter, denn wir wussten nicht, ob sie uns verfolgten. Das taten sie aber nicht. Dann erreichten wir Häuser mit Gärten. Dort gab es auch Schafe, Ziegen und viele Pferde. Die Bewohner waren freundlich und nahmen uns mit ins Haus, wo schon viele andere Geflohene aus Atosha waren. Auch sie haben uns angeboten, bei ihnen zu arbeiten, natürlich ohne Bezahlung. Wir lehnten aber wieder ab, weil wir ja zum Mittelmeer weiterwollten. Sie gaben uns Essen und alte Schuhe und einige von uns überlegten, ob es nicht doch besser wäre, eine Weile zu bleiben, um zu arbeiten. Wir hatten kein Geld und wussten auch nicht, wie wir nach Tripolis kommen sollten. Außerdem hofften wir, zusammenbleiben zu können. Wir waren sehr misstrauisch und guckten dauernd aus dem Fenster. Wenn wieder Soldaten kämen, würden wir schnell weglaufen. Nach Atosha zurück wollten wir auf gar keinen Fall.

## Stallarbeit als Amir

Schließlich stimmten wir dem Arbeitsange- bot zu. Wir wurden zu verschiedene Arbeiten eingeteilt und die meisten von uns wurden gleich abtransportiert. Von uns fünf Eritre- ern blieb ich allein zurück und außer mir noch ein Junge aus Somalia namens Hani- bal. Wir waren die Jüngsten. Dann kam ein weißes Auto, mit dem auch wir weggebracht wurden, ganz in die Nähe von Tripolis. Einer der Hausbesitzer war auch mitgekommen. Dort saßen wir dann mit dem Mann zusam- men, bei dem wir arbeiten sollten. Er stellte uns viele Fragen, wie wir heißen, woher wir kommen, was wir vorhaben. Er fragte uns auch nach unserer Religion, Hanibal ist Mus- lim.

Der Mann konnte meinen Namen nicht ver- stehen, deshalb sagte er: „Ab heute bist du Amir". Ich fand das schlimm, aber ich konnte nichts dagegen tun.

Bei unserem neuen Dienstherrn gab es ein Haus nur für uns. Ein richtiges, komplett eingerichtetes Haus mit zwei Betten. Er zeigte uns unsere Arbeit. Wir sollten uns um die Tiere kümmern: Morgens die Pferde füt- tern und den riesigen Pferdestall mit etwa 30 Pferden ausmisten. Es gab auch eine gewal- tige Schafherde mit rund 600 Tieren. Die soll- ten wir hüten. Wir mussten auch den Schaf- stall ausmisten, das konnten wir zu zweit überhaupt nicht schaffen. Es gab zwar noch zwei andere Jungs, aber die packten nicht mit an, sondern kommandierten uns nur herum. Am dritten Tag ist Hanibal krank geworden. Er hatte schlimme Bauchschmerzen und musste die ganze Zeit zur Toilette, aber der Hausbesitzer zwang ihn trotzdem zu arbeiten. Ich war auch total erschöpft und konnte kaum mehr meine Füße bewegen, denn ich hatte drei Tage lang von morgens um sechs bis abends um sechs ohne Pause gearbeitet. Ich setzte mich beim Hausbesitzer für Hanibal ein, aber er beschimpfte uns nur. Ich habe so gut ich konnte Hanibals Arbeit mitgemacht, aber sie schickten ihn auf die andere Seite des Hofs, so dass er doch allein arbeiten musste. Irgendwie hat er das durchgehalten. Am Abend haben uns die beiden Jungs bespuckt und beschimpft und sagten zu Hanibal, dass er sich an mir ein Beispiel nehmen soll. Dabei war ich auch total fertig. Der Hausbesitzer war ein großgewachsener Mann und hatte Kinder, aber mit uns hatte er kein Mitleid. Für ihn waren wir keine Menschen.

## Flucht nach Tripolis

Als abends um sechs alle Tiere in ihren Ställen waren, mussten wir unser Essen zubereiten. Ich habe Pasta gekocht, aber Hanibal konnte nichts essen. Danach überlegten wir, ob wir nicht doch fliehen sollten.

Hanibal sagte: „Ich bin krank und wenn sie uns erwischen, dann werden sie uns ins Gefängnis bringen oder töten. Wir müssen hierbleiben, bis wir uns besser auskennen. Wir müssen noch durchhalten."

Ich wollte nicht länger bleiben, hatte aber auch Angst, dass er mich verrät. Deshalb sagte ich ihm, dass wir noch einen Tag bleiben, bis es ihm besser geht und dann zusammen losgehen. Am nächsten Abend warteten wir, bis alle schliefen. Die Haustür machte laute Geräusche und es war schwierig, sie leise zu öffnen. Wir mussten äußerst vorsichtig sein. Hanibal wollte nicht als Erster rausgehen, wir hatten beide fürchterliche Angst. Wir wollten eigentlich gleichzeitig gehen, aber nebeneinander passten wir nicht durch die Tür. Also ging ich zuerst und Hanibal folgte mir. Wir mussten den großen Hof durchqueren, um zum Hoftor zu gelangen. Von draußen konnten wir den Riegel nicht schließen, deshalb ließen wir das Tor offen.

Wir wussten nicht, wohin wir gehen sollten, also folgten wir einfach einer großen Straße. Viele Autos fuhren an uns vorbei und wir hatten große Angst, dass uns eins der Autos mitnehmen würde. Irgendwann kamen wir zu einer Art Autobahn, auf der aber kein Auto fuhr. Wir begegneten nur vereinzelt Leuten und sind einfach an ihnen vorbeigegangen. Keiner hat uns angesprochen.

Von weitem sahen wir Geschäfte und ein Café. Wir wollten dort hingehen und fragen, wo es nach Tripolis geht, aber haben uns nicht getraut.

Da riefen uns zwei Männer, die uns offenbar als Geflohene erkannt haben: „Kommt, habt keine Angst, wir tun euch nichts."

Wir gingen zu ihnen.

„Wollt ihr Wasser, habt ihr Hunger?", fragten sie uns.

Wir lehnten ab.

„Wo habt ihr denn gegessen, dass ihr keinen Hunger habt? Ihr seid doch bestimmt von Atosha geflohen, wir haben davon gehört." Und dann: „Kommt schnell rein, damit euch niemand sieht."

Wir erzählten lieber nicht, dass wir von diesem Hausbesitzer geflohen sind, damit uns die Männer nicht dorthin zurückbringen konnten. Ich sagte, dass wir unterwegs von fremden Leuten Essen bekommen hätten. Die Männer wollten wissen, wo wir gewesen sind. Ich antwortete, wir hätten auf der Straße geschlafen.

„Wo wollt ihr denn jetzt hin? Habt ihr einen Bekannten in Libyen, wo wir euch hinbringen können?"

Ich hatte im Gefängnis eine Telefonnummer von einem eritreischen Schlepper namens Medhanie bekommen, der in Tripolis lebte. Hanibal hatte einen Onkel in Tripolis, der ebenfalls als Schlepper arbeitete. Der Mann rief Medhanie an und vereinbarte mit ihm, mich für 70 Dinar[10] hinzufahren. Medhanie würde die Summe bezahlen. Hanibals Onkel bekam auch einen Anruf und freute sich sehr. Für den nächsten Tag wurde ein Treffpunkt verabredet, zu dem der Onkel und Medhanie kommen sollten, um uns in Empfang zu nehmen. Zunächst gingen wir mit dem Mann nach Hause, wo wir nach dem Essen auch übernachten konnten. Am

---

[10] Währung in Libyen

Treffpunkt erschien nur der Onkel, Medhanie jedoch nicht und er war auch nicht erreichbar. Später erreichte unser Gastgeber den Schlepper doch noch, aber der wollte weder zum Treffpunkt kommen noch mich abholen.

„Was soll ich denn jetzt mit dem Jungen machen?", fragte der Libyer und Medhanie sagte: „Du kannst mit ihm machen, was du willst."

Daraufhin ist der Libyer richtig sauer geworden und hat Medhanie beleidigt. Dann sagte er: „Wenn du wegen der 70 Dinar nicht kommen willst, dann erlasse ich sie dir, aber komm und hol den Jungen."

„Nein, ich komme nicht. Ich weiß auch nicht, wie ich dorthin kommen sollte." Er wollte auch nicht, dass der Libyer mich zu ihm bringt, und hat stattdessen sein Telefon abgeschaltet.

Dann bat der Libyer den Onkel, mich mitzunehmen, und erließ ihm die Hälfte meiner Fahrtkosten. Der Onkel war so nett und nahm mich mit. Ich dankte ihm und bin mit dem Onkel und Hanibal mitgefahren. Hanibal bekam das Handy von seinem Onkel, um seine Eltern anzurufen. Danach bekam ich es und ich rief meine Schwester Asmir an.

Asmir glaubte erst nicht, dass ich es bin, weil sie schon die Hoffnung aufgegeben hatte, dass ich überlebt habe. Sie hatte mich in einem Video[11] aus einem libyschen Gefängnis gesehen.

Sie begann zu weinen und ich sagte ihr, dass es mir gut geht. Sie wollte die Adresse wissen, wo ich bin, aber ich wollte ihr die Adresse des Onkels nicht sagen. Der war zwar auch Schlepper, aber ein Somali und ich hatte gehört, dass Somalis schon Eritreer aus dem Boot geworfen hatten. Ich wollte mit einem eritreischen Schlepper fahren und mit Medhanie ging es ja nicht.

---

[11] Quelle: http://www.eastafro.com/2015/03/10/video-libya-migrants-prison

## Bei Eritreern in Tripolis

Asmir wollte sich um einen anderen Schlepper kümmern und sich am nächsten Tag wieder melden. Sie fand tatsächlich einen, aber der Onkel wollte mich nicht gehen lassen. Er meinte, er habe 70 Dinar für mich bezahlt, aber tatsächlich war es nur die Hälfte gewesen. „Wenn du mir die 70 Dinar erstattest, lasse ich dich gehen, sonst nicht."

Ein Problem war aber, dass ich nicht rausgehen durfte. Ich hätte sonst mitbekommen, dass direkt nebenan Eritreer und Äthiopier wohnten. Im Haus des Onkels warteten mehrere Jungs auf ihre Abreise und manche davon durften auch rausgehen. Die erzählten mir, dass dort „Brüder" von mir wohnten. Als der Onkel kurz weg war, verließ ich das Haus und sah sofort zwei eritreische Jungs. Ich rief nach ihnen auf Tigrinya und sie kamen und fragten mich, was ich hier mache.

*Während ich diese Zeilen schreibe, also etwa drei Jahre später, ruft mich Asmir an und erzählt, dass einer dieser Jungs namens Berekat mein Foto auf ihrem Facebookprofil entdeckt hat. Berekat kannte meine Schwester noch aus unserer Heimatstadt. Er hat sie gerade angeschrieben und gefragt, wer das auf dem Foto sei.*

*Sie sagte: „Das ist mein Bruder."*

*Berekat wollte meine Adresse haben und das hat sie mir gerade erzählt. „Kennst du Berekat aus Libyen?"*
*Oh mein Gott!*

Ich erzählte, dass ich aus dem Gefängnis geflohen bin und jetzt bei einem somalischen Schlepper festsitze.

Sie sagten zu mir: „Du bleibst nicht hier, du kommst jetzt mit uns."

„Ich kann nicht", sagte ich, „ich muss erst das Geld für die Fahrt hierher bezahlen".

Der Onkel kam dazu und verlangte die 70 Dinar, damit ich gehen konnte. Es folgten zähe Verhandlungen zwischen den beiden Eritreern, mir und dem Onkel. Der warf mir Undankbarkeit vor und bestand nach wie vor auf dem vollen Betrag. Sie gerieten in Streit, bei dem sie sich gegenseitig beleidigten. Letztlich legten die Jungs das Geld für mich zusammen und bezahlten den vollen Preis. Dann bin ich mit zu ihnen gegangen. Ich wurde der fünfte Zimmerbewohner. Endlich konnte ich dort auch meine Mutter anrufen. Ich hatte bisher nicht telefonieren können, weil ich kein Geld hatte. Trotz Asmirs Bericht glaubte sie nicht wirklich, dass ich noch lebte, und sie freute sich unglaublich, als sie mich hörte.

Meine Mitbewohner wollten auch nach Italien, aber sie hatten kein Geld und mussten deshalb arbeiten. Die Schlepper hatten unterschiedliche Preise. Libysche Schlepper waren billiger als eritreische. Es gab auch noch welche aus Somalia und aus dem Sudan. Die eritreischen Schlepper hatten die meisten „Kunden“, waren aber auch am gemeinsten. Eigentlich waren es ja meine Brüder und trotzdem haben sie schlimme Sachen gemacht.

## Beim Schlepper Futsum

Nach ein paar Tagen rief Asmir an: Sie hatte einen vertrauenswürdigen Schlepper namens Futsum gefunden. Von ihm hatten ihr Leute im Sudan berichtet.

„Mit ihm sollst du gehen", bestimmte sie.

Meine Mitbewohner meinten aber, ich solle bei ihnen bleiben, weil man bei einem Schlepper sehr schlecht lebt. Asmir drängte mich aber zu gehen. Wir gerieten fast in Streit darüber, denn ich vertraute den Jungs und wollte lieber bleiben. Schließlich hatten sie mir sehr geholfen. Asmir sagte, dass viele Leute, die nicht bei einem Schlepper untergekommen sind, entführt werden, das Risiko sei einfach zu groß. Die Jungs waren aber schon über ein Jahr dort und es war nichts passiert. Obwohl ich ihr gesagt hatte, dass ich nicht gehen will, hat meine Schwester den Schlepper geschickt, um mich abzuholen.

Schon am nächsten Morgen war er da: „Du wirst jetzt mitkommen. Bei mir wirst du beschützt. Ich kenne deine Schwester."

„Du kennst meine Schwester doch gar nicht, das sagst du doch nur, damit ich mitkomme."

„Ich wäre doch nicht hier, wenn ich deine Schwester nicht kennen würde."

Ich sagte dem Schlepper, er solle den Jungs noch das Geld geben, das sie für mich ausgelegt hatten.

Erst wollte er das nicht tun, aber ich sagte: „Du wurdest doch von meiner Schwester bezahlt, also kannst du ihnen das Geld doch geben."

Er bezahlte die 70 Dinar. So bin ich unfreiwillig und mit großer Wut auf Asmir mit dem Schlepper gefahren.

Futsums Haus war alt und ziemlich groß. Es diente als Zwischenlager auf dem Weg zur nächsten Sammelstelle. Dort waren fast nur jugendliche Eritreer, Jungs und Mädchen, insgesamt vielleicht zwanzig Personen.

Die anderen Flüchtlinge fragten mich erstaunt: „Was machst du denn hier? Du gehörst doch nicht hierher."

Sie hatten mich für viel jünger gehalten. Das kam daher, weil ich im Gefängnis so dünn geworden bin. Ich erzählte ihnen von meinem Gefängnisaufenthalt und sie wurden mitfühlend.

„Du bist hier an einen ganz schlimmen Schlepper geraten." Sie kannten ihn schon aus ihrer Heimatstadt in Eritrea. „Und obwohl er uns kennt, behandelt er uns jetzt so schlecht. Er hat uns alle hereingelegt." Sie wollten wissen, wie ich an ihn geraten war.

„Durch meine Schwester, sie hat auch schon bezahlt." Ich wollte mit Asmir telefonieren, aber Futsum hat es mir verboten.

Meine Eltern sollten nochmal Geld schicken, aber das hat lange gedauert - zu lange. Es ist nicht einfach, Geld über den Sudan nach Libyen zu schicken. Ich sollte meine Mutter anrufen wegen des Geldes. Aber Asmir hatte mir geraten, das nicht zu tun, damit sie sich nicht zu große Sorgen macht. Dann hätte Futsum auch die Nummer meiner Mutter und würde sie sicher ständig unter Druck setzen. Das wollte ich ihr ersparen.

Asmir habe ich vorgeworfen: „Du hast mich hier in die Hölle geschickt".

Bei späteren Telefonaten sagte ich das nicht mehr, damit sie sich selbst nicht noch mehr Vorwürfe macht. Der Schlepper rief auch oft bei ihr an, um noch mehr Geld zu verlangen. Ich wollte nicht, dass Asmir erfährt, wie schlecht es mir geht. Ich hatte Krätze und schlimmen Hunger. Wenn wir morgens aufstanden und bevor wir schlafen gingen, gab es nur wieder diese zu Matsch gekochte oder manchmal auch nur in warmem Wasser eingeweichte Pasta, meistens ohne Salz und sonst nichts dazu. Davon bekam ich immer Bauchschmerzen. Dieses Essen machte uns nicht satt und – schlimmer noch – es blieb nicht im Bauch. Abends hatten wir alle fürchterliche Kopfschmerzen und rote Augen.

Wir litten wirklich sehr, aber wenn Futsum kam und wir ihn um Essen baten, sagte er nur: „Wo bleibt das Geld?"

Ein paar von uns boten ihm zusätzlich Geld an, damit er uns mehr zu essen gibt, aber das wollte er nicht, denn wenn wir hungerten, würden unsere Familien schneller bezahlen.

Der einzige Wert unseres Lebens für ihn bestand darin, dass es Geld dafür gibt.

„Wenn ihr Essen wollt, geht raus und kauft euch was." Dabei wusste er genau, dass das unmöglich war.

Er hätte sofort veranlasst, dass wir von anderen Schleppern entführt werden, und die würden dann erneut von unseren Familien noch mehr Geld erpressen. Wir sind für die Schlepper nur eine Ware, keine Menschen.

Zu diesem Zeitpunkt hatte ich schon alle Hoffnung verloren. Am schlimmsten war, dass ich auch an Gott gezweifelt habe. Immer wenn ich während der Flucht eine schreckliche Situation überlebt hatte, kam es noch schlimmer. Von Kindheit an hatte ich in meinem Glauben viel Halt gefunden, aber jetzt dachte ich, was muss ich Schlimmes getan haben, dass Gott jetzt nicht für mich da ist? Ich fühlte mich völlig hilflos. Ich wollte auch nicht mehr essen, aber meine Mitgefangenen versuchten immer wieder, mir Mut zu machen. Obwohl ich oft zu Gott gebetet habe, fühlte ich mich von ihm verlassen. Erst viel später habe ich erkannt, dass Gott die ganze Zeit bei mir war. Ich habe mich inzwischen auch bei ihm für meine Zweifel entschuldigt.

Futsum zwang alle, die noch nicht bezahlt hatten, unsere Familien wieder anzurufen. Er befahl uns, nur nach dem Geld zu fragen, nichts anderes. Manchmal brach er das Gespräch auch einfach ab. Er verlangte wieder von mir, dass ich meine Mutter anrufen sollte. Er wollte ihre Nummer. Aber obwohl mir eigentlich schon alles egal war, hielt ich mich an den Rat meiner Schwester, diese Nummer nicht zu wählen. Meine Mutter würde das nicht ertragen. Es war auch gefährlich von Libyen aus nach Eritrea anzurufen, weil die Anrufe abgehört wurden und meine Flucht bekannt würde. Aber ich hätte so gern mit meiner Mutter gesprochen. Ich sagte Futsum, dass wir zuhause kein Handy hätten.

„Wie telefoniert denn deine Schwester mit deiner Mutter?"

„Ich weiß nicht, vielleicht über die Nachbarn."

„Du lügst doch, ihr habt bestimmt ein Handy."

Dann beleidigte er mich, aber Beleidigungen können mich nicht töten. Danach hatte ich immer schlimme Kopfschmerzen. Er wollte mich einfach fertigmachen.

Bei einem erneuten Anruf hatte Asmir gute Nachrichten: Das Geld aus Eritrea war endlich bei ihr im Sudan angekommen. Auch das Geld von meinem Onkel aus Israel war bei meiner Schwester angekommen. Futsum wollte von ihr noch mehr Geld haben, für Essen und Wasser.

„Ich habe kein Geld für Essen und Wasser, ich habe nur das Geld für die Überfahrt", sagte Asmir.

„Ich habe doch auch gar nichts gegessen", warf ich unvorsichtigerweise ein.

„Wie kannst du denn noch am Leben sein, wenn du nichts gegessen hast", erwiderte Futsum.

Und zu Asmir sagte er: „Dann schick, was du hast."

Sie verabredete einen Übergabeort mit einem Geldboten des Schleppers, wo sie das Geld verstecken und sich danach weit entfernen sollte. Der Geldbote kam mit dem Auto, holte das Geld aus dem Versteck und informierte anschließend Futsum, dass er das Geld erhalten hat.

Solchen Leuten kann man eigentlich nicht vertrauen, aber Asmir hatte keine andere Wahl und zum Glück hatte es geklappt.

Tatsächlich kam Futsum am nächsten Tag zu mir und sagte: „Dein Geld ist jetzt da und du hast noch Geld übrig."

Normalerweise wird das Handy bei einem Telefonat auf Freisprechen gestellt, damit Futsum alles mithören konnte. Aber als Asmir das mit dem zusätzlichen Geld sagte, hatte Futsum den Hörer schon wieder am Ohr. Trotzdem konnte ich noch hören, wie Asmir sagte, dass sie weitere 400 $ schicken würde. Ich fragte ihn, ob er mir das Geld gleich geben wird, aber er meinte, dass ich es erst später bekommen werde, wenn wir sein Haus verlassen haben.

Die zwei Wochen dort fühlten sich für mich an wie tausend Wochen.

## Im Lager von Medhanie

Als es am Abend dunkel wurde, kamen zwei schwarze Toyotas mit abgedunkelten Scheiben, jeweils sieben Personen pro Wagen sind eingestiegen. Wir fuhren nur ein paar Kilometer weiter zu einem anderen Lager. Das war eine große Halle, die nur etwa 1,50 m hoch war, wir konnten dort nicht aufrecht gehen. Es waren schon etwa 800 Menschen dort und es kamen weitere 700 dazu. Es war sehr heiß und stickig darin. Am Eingang gab es eine einzige Toilette für alle. Man musste mit Wasser aus einem Eimer nachspülen. Es war aber nicht immer Wasser vorhanden. Wenn man nicht spülte, wurde man geschlagen. Wenn man selber Wasser holen wollte, wurde man auch geschlagen. Manche vermieden deshalb, zur Toilette zu gehen, bis sie Bauchschmerzen bekamen und Blut spucken mussten. Ansonsten verbrachte man den ganzen Tag damit, in der Schlange zu warten, bis die Toilette frei wurde.

Wenn das Essen verteilt wurde, haben wir uns in Zehnergruppen innerhalb der Toilettenschlange hingesetzt und gegessen. Ohne die Hände zu waschen, weil kein Wasser dafür da war. Es gab zu den Mahlzeiten einen Eimer Wasser pro Zehnergruppe und einen Becher, aus dem wir reihum trinken konnten. Händewaschen war nicht erlaubt, außerdem wäre der Boden nass geworden, auf dem wir auch schlafen mussten. Eigentlich hätte man sich gleich nachdem man endlich auf der Toilette war, wieder hinten anstellen müssen. Bis man erneut gehen durfte, vergingen zwei Tage. Manche Frauen mit Kindern wurden vorgelassen. Ich bin nur etwa alle drei Tage gegangen. Das funktionierte, weil es so wenig zu essen und noch weniger zu trinken gab. Die Mahlzeiten bestanden wieder nur aus matschiger Pasta, deren Haltbarkeitsdatum schon vor einem Jahr abgelaufen war.

Viele von uns hatten Geld von ihren Eltern und damit versuchten sie, die Wachen zu bestechen. Tatsächlich hat einer von ihnen einen ganzen Lieferwagen Essen besorgt: Brot, Hähnchen, Thunfisch, Mineralwasser, Kekse. Das hat er dann für viel Geld an wenige Leute verkauft. Obwohl es völlig überteuert war, kauften die Leute ihm alles ab. Aber es hat längst nicht jeder etwas bekommen, nur etwa 200 Leute. Zuerst durften die Frauen einkaufen. Die Reste haben diejenigen gekauft, die weiter vorne waren. Wir gingen leer aus. Später kam noch ein Lieferwaren und die Männer, mit denen ich dort war, konnten auch etwas kaufen und wir haben zusammen essen können.

Nach zwei, drei Tagen kam ein weiterer Schlepper namens Merih. Er war Eritreer und arbeitete mit Futsum zusammen. Merih rief uns auf und teilte das Geld aus, das bei Futsum bezahlt wurde. Er gab mir nur 200 $, nicht die 400 $, die meine Schwester bezahlt hatte. Futsum hatte mich um 200 $ betrogen. Wir fünf Jungs legten unser Geld zusammen, 50 $ behielt ich aber zurück und wir kauften von da an jeden Morgen teures Essen vom libyschen Wachmann. Einmal gab es auch Erdnüsse und davon bekamen viele Bauchschmerzen und mussten zur Toilette, was aber nicht möglich war. Wenn einer zur Toilette ging, blieb er eine halbe Stunde drin, denn alle hatten Verstopfung vom langen Anhalten.

Alle haben sehr gelitten. Vielen war es egal, ob sie geschlagen wurden, sie wollten einfach nur raus und sich irgendwo draußen erleichtern. Sie diskutierten, ob sie an den eritreischen Wachen vorbei rausgehen sollten oder nicht. Dann kam aber der libysche Wachmann, der hätte sie einfach erschossen. Wenn der Libyer reinkam, hatte er eine Schaufel dabei und schug wahllos mit dem Stiel auf die Leute ein. Frauen und Kinder verschonte er, aber er beleidigte sie heftig.

An einem Morgen kam Medhanie, der eritreische Schlepper, der mich damals auf der Flucht nach Tripolis nicht abholen wollte. Medhanie arbeitete ebenfalls mit Futsum zusammen. Als ich davon erfuhr, habe ich einen großen Schreck bekommen, weil er mich schon einmal im Stich gelassen hatte. Aber die anderen meinten, er sei ein guter Schlepper. Bisher sei von ihm noch kein Boot gesunken. Diejenigen, die zuerst im Lager angekommen waren, sollten mit einem anderen Schlepper am nächsten Tag zum Meer fahren, um dort die Boote zur Überfahrt nach Italien zu besteigen. Ich gehörte aber zu denen, die zuletzt angekommen waren und so musste ich noch im Lager bleiben.

Wir hörten von gesunkenen Booten anderer Schlepper und dennoch wollten wir unbedingt zum Meer, denn wir hatten keine andere Wahl.

## Als Bewacher im Lager

Unsere eritreischen Bewacher sind mit der ersten Gruppe zum Meer gefahren. Ungefähr 1000 Menschen blieben zurück.

Die Libyer brauchten neue Wachen und so kamen sie rein und riefen: „Wer arabisch sprechen kann, soll sich melden."

Einer der Jungs aus meiner Gruppe meldete sich, ohne die anderen vorher zu fragen. Eigentlich wollte ich nicht mit ihnen rausgehen, denn draußen hatte man zwar frische Luft und konnte zur Toilette, aber man wurde geschlagen, wenn jemand in der Halle redete. Wir mussten alle fünf mitgehen, um die anderen zu bewachen. Der Libyer erklärte uns die Regeln fürs Bewachen. Die Flüchtlinge durften nicht sprechen, sie sollten weiterhin in Reihen auf die Toilette warten und die Frauen vorlassen. Er warnte uns. Falls jemand sprechen würde, bekämen wir Schläge. Er sagte auch, dass wir sie schlagen können, damit sie schweigen. Die vorherigen Bewacher hatten uns immer geschlagen. Wir Wachen durften die Halle verlassen und auch draußen im Hof schlafen.

Mebrahtu, einer aus meiner Gruppe, hatte die Idee, dass die Frauen in der Halle nach vorne und die Männer nach hinten kommen sollten. Die Frauen kamen ohnehin immer als Erste dran, wenn es etwas zu verteilen gab. Alle waren damit einverstanden und so suchten wir uns neue Plätze in der Halle. Es gab jetzt auch insgesamt etwas mehr Platz, weil ja einige Flüchtlinge schon zum Mittelmeer gefahren wurden. Mebrahtu schlug auch vor, dass die Frauen wegen der Kinder etwas mehr Platz bekommen sollten als die Männer. Auch damit waren die Männer einverstanden.

Mebrahtu war ein cooler Typ, der konnte die Leute mit Worten zum Schweigen bringen und motivieren.

Er sagte: „Wir schweigen nicht für die Libyer, sondern für uns. Wir werden euch nicht schlagen und lassen uns lieber von den Libyern schlagen. Sprecht nicht, aber helft euch gegenseitig. Und wenn jemand dringend auf Toilette muss, lasst ihn vor. Wenn der Libyer nicht da ist, dann dürft ihr leise reden, aber wenn er da ist, müsst ihr unbedingt schweigen."

Er lobte sie auch, wenn sie still waren. Alle waren damit einverstanden. Mebrahtu sprach immer positiv und freundlich und machte den Leuten Mut zum Durchhalten. Zum Libyer sagte er, dass die Spaghetti verdorben waren und viele Leute davon krank geworden sind. Tatsächlich bekamen wir danach neue Spaghetti. Wir waren alle sehr froh und motiviert und taten alles, was Mebrahtu sagte.

Eines Tages, als die Leute dank Mebrahtu leise sprechen durften, kam der Libyer überraschend und er hörte sie reden. Darauf

82

beschimpfte er uns alle übelst und schlug mit dem Schaufelstiel um sich. Dann befahl er uns Wachen, uns im Hof auf den Boden zu legen. Er übergoss uns mit Wasser und holte zwei Männer, die unsere Füße festhalten sollten. Einer sagte aber, dass er das nicht machen will, worauf der Libyer ihm befahl, sich zu uns auf den Boden zu legen und dann holte er noch weitere Männer. Die hielten unsere Füße fest und er schlug uns mit dem Schaufelstiel auf unsere Fußsohlen. Das tat unglaublich weh. Danach waren unsere Füße arg angeschwollen und wir konnten nicht mehr gehen. Dabei hatte ich nicht mal so viele Schläge bekommen wie die älteren Männer, aber meine Füße waren trotzdem schlimmer verletzt als die der anderen. Er ließ von uns ab und befahl uns, wieder unsere Arbeit zu tun. Unsere Körper und Kleider waren durch das Wasser und den Dreck total verklebt. Die Frauen gaben uns Kleidungsstücke von anderen. Weil alles nass war, haben wir sehr gefroren. Ich konnte nicht sprechen, weil mir zu kalt war und meine Zähne so sehr vor Kälte geklappert haben. Aber die Kälte hatte auch etwas Gutes. Meine Füße waren gefühllos geworden.

Die folgende Nacht war für mich schlaflos. Den anderen ging es etwas besser, sie konnten wenigstens etwas schlafen. Am nächsten Morgen sah ich meine bis zu den Unterschenkeln zu großen Klumpen angeschwollenen Füße. Ich wollte aufstehen, aber ich konnte nicht. Mebrahtu riet uns, dennoch aufzustehen und uns zu bewegen, damit die Schwellung zurückging. Die Frauen sagten, wir sollten die Füße mit Öl, Salz und warmem Wasser einreiben. Ich wollte das nicht, weil ich Schmerzen hatte. Ich habe mich zwar bewegt, aber nicht viel, weil es einfach zu schmerzhaft war. Dann kam eine Frau und hat meine Füße behandelt. Mebrahtu hatte es erlaubt, weil der Libyer nicht da war. Zwei Tage konnte ich überhaupt nichts machen und auch nicht meine Mitgefangenen mitbewachen. Ich blieb liegen und schlief, bis auf die kurzen Momente, an denen Mebrahtu mich aufforderte, mich zu bewegen, um die Schwellung abzubauen. Die Frauen hatten mir noch mehr Kleidungsstücke und Lumpen gegen die Kälte gegeben, sie hatten Mitleid mit mir. Die Frauen haben mir wirklich sehr geholfen. Mebrahtu erzählte, dass sie auch oft nach mir gefragt hatten.

Nach zwei Tagen ging es mir besser. Ich konnte mich bewegen und auch ohne Aufforderung von Mebrahtu laufen. Die Schwellung ging langsam zurück, aber meine Füße juckten sehr und ich musste sie ständig bewegen. Ich konnte den anderen helfen, zum Beispiel beim Essenkochen. Man brauchte dazu nur Wasser, Pfeffer, Salz, wenn es welches gab, ganz wenig Öl und eben die Spaghetti. Weil die Pasta für 1000 Leute reichen musste, wurden die Nudeln in zwei riesigen Töpfen auf offenem Feuer zubereitet. Die

Zubereitung dauerte morgens und abends jeweils vier Stunden. Das Wasser kam aus einem Wasserhahn unweit der Kochstelle. Wir trugen die noch leeren Töpfe zum Wasserhahn und füllten sie etwa zur Hälfte, so dass wir sie gerade noch zurücktragen konnten. Das restliche Wasser füllten wir mit Eimern nach. Dann kamen viele Packungen Spaghetti hinein, die wir alle einzeln aufreißen mussten. Allein das Aufreißen hat über eine Stunde gedauert. Wenn die Nudeln weich waren, füllten wir sie in große Schüsseln, aus denen jeweils 10 Personen aßen. Es gab kein Besteck, so dass die Menschen mit ihren kranken Händen und offenen Wunden hineingreifen mussten. Das war widerlich, aber man musste ja essen. Natürlich reichte es nie zum Sattwerden.

Manchmal war die Wasserleitung kaputt und es gab kein Wasser, einmal sogar für zwei Tage. Die Schlepper brachten uns Brot, weil wir ohne Wasser nicht kochen konnten. Aber ohne Wasser konnten wir auch das Brot nicht essen. Wir hatten aufgesprungene Lippen und keine Spucke mehr im Mund. Vor Verzweiflung überlegten einige, aus dem Lager zu fliehen, um nicht zu verdursten. Aber man hätte uns sofort wieder eingefangen oder sie hätten uns gleich erschossen. Da wir schon die komplette Summe bezahlt hatten, waren wir den Schleppern im Grunde egal. Deswegen haben sie uns auch so schlecht behandelt. Zum Glück war es recht kalt, sonst hätten wir die zwei Tage wahrscheinlich nicht alle überlebt.

Mebrahtu hatte Tag und Nacht am Wasserhahn aufgepasst. In der zweiten Nacht gab es wieder Wasser. Alle liefen zum Wasserhahn und es gab ein großes Gedränge. Mebrahtu sagte, sie sollen sich wieder in ihre Zehnergruppe setzen und wir brachten ihnen das Wasser in Eimern. Wir rannten stundenlang mit Wassereimern zu den Leuten, jeder sicher 80-mal. Das Gute war aber, dass ich als Erster zum Wasserhahn laufen und trinken konnte. Ich hatte sogar Bauchschmerzen davon bekommen.

Nachdem alle getrunken hatten, ordnete Mebrahtu an, dass die Frauen ihre Wasserflaschen abgeben sollten, damit wir sie auffüllen konnten. Für den Fall, dass die Wasserleitung wieder kaputt war, hatten sie wenigstens Wasser für die Kinder. Danach wurden die Flaschen der Männer aufgefüllt. Auch die großen Töpfe füllten wir sicherheitshalber voll. Mebrahtu bot den Leuten an, die Flaschen immer wieder aufzufüllen, sobald sie halbleer waren. So konnten sie zumindest eine Zeitlang überbrücken, falls das Wasser wieder ausfallen würde. Allerdings sollten sie immer nur einzeln und sehr leise Bescheid sagen, damit es nicht auffällt, falls der Schlepper kommt. Kranke Menschen, die es drinnen nicht mehr aushalten konnten, haben wir auf Mebrahtus Anweisung hin in kleinen Gruppen für fünf Minuten mit nach draußen genommen. Das war zwar gefährlich, falls der Libyer kommt, aber wir machten es trotzdem immer wieder.

Erstaunlich fand ich, dass sogar die Kinder im Lager immer leise waren und sich auch kaum bewegt haben. Aber was sollten sie auch anderes machen, sie hatten ja Angst. Wenn ich als Kind im Lager gewesen wäre, hätte ich wahrscheinlich alle verraten, weil ich ein lautes Kind war.

## Fasten

Für uns Christen begann die alljährliche Fastenzeit vor Fasika[12]. Wir essen 40 Tage kein Fleisch, keine Eier und trinken keine Milch. Außerdem essen viele die erste Mahlzeit des Tages erst gegen Mittag. Wir hatten natürlich weder Fleisch noch Eier oder Milch im Lager, aber die Leute wollten trotzdem fasten. Es gab einen Priester im Lager und er sagte, wir sollten uns nicht nur in den guten Zeiten an Gott erinnern und fasten, sondern auch, wenn wir in Not waren. Auch dann würde Gott uns helfen. Wir wollten Gott nicht nur um Hilfe bitten, sondern auch etwas dafür tun. Bloß - wir hatten ja sowieso schon ständig Hunger und worauf sollten wir noch verzichten? Unser Priester schlug vor, die Morgenmahlzeit ausfallen zu lassen. Von unserer Wachgruppe hatten dann einige die Idee, morgens nicht zu kochen. Aber die Kinder mussten etwas essen und auch andere, die nicht fasten konnten oder wollten. Das Fasten war freiwillig und jeder, der essen wollte, sollte die Möglichkeit dazu haben. Es blieb also dabei, dass wie immer morgens gekocht wurde, so dass jeder die Möglichkeit hatte, etwas zu essen.

Mebrahtu und der Priester fasteten aber und andere Gläubige auch. Ich habe manchmal gefastet und manchmal auch nicht, wenn ich es nicht aushalten konnte. In dieser

---

[12] Osterfest

Zeit haben wir, wenn die Libyer nicht da waren, viel gesungen. Mebrahtu hat mit einem der Schlepper vereinbart, dass wir tagsüber leise unsere Kirchenlieder singen durften. Allerdings mussten wir auch für unser Singen in der Halle bleiben. Dort wurde es besonders beim Singen schnell unerträglich heiß und die Luft wurde sehr schlecht, denn wir waren alle krank, ungepflegt und hatten schlechten Atem.

Es ging in der Fastenzeit aber nicht nur ums Essen, sondern es gab auch noch andere Besonderheiten. Morgens segnete der Priester das Wasser. Eigentlich sollte jeder einen kleinen Schluck davon trinken, aber dafür waren wir zu viele Menschen. Deshalb ging der Priester zwischen die vielen Menschen und bespritzte uns damit.

Es gibt zum Osterfasten auch eine besondere Form des Gebets, Klalaison. Für Klalaison bekreuzigt man sich, kniet nieder, berührt mit der Stirn den Boden und steht dann wieder auf. Das wiederholt man 40- oder 80-mal oder in 40er Schritten so oft, wie man kann. Es ist freiwillig und viele von uns waren dafür zu schwach. Mebrahtu hat zwar aufgepasst, dass ich immer etwas zu essen hatte, trotzdem habe ich es nicht immer geschafft zu beten. Das hieß nicht, dass ich mein Gottvertrauen oder meinen Glauben verloren hatte, sondern mir fehlte einfach die Kraft.

Obwohl wir wegen des morgendlichen Fastens mehr Essen am Abend hatten, haben wir nicht viel davon zu uns nehmen können. Wir konnten es einfach nicht runterkriegen, weil wir den ganzen Tag nichts im Magen hatten. Wir waren vorher schon schwach und durch das Fasten wurden wir noch schwächer. Dazu kam die schlechte Luft, Dreck, Gestank und Schlafmangel. Alle hatten Flöhe und Krätze, es war viel zu eng zum Schlafen und es gab nie frische Luft.

Ich hatte Glück, dass ich draußen schlafen konnte. Ich zog oft meine Kleider aus, drehte sie um und zog sie andersrum wieder an. Viel Zeit verbrachte ich damit, aus den Nähten meines Pullovers Flöhe herauszupulen. Ich konnte so zwar nicht alle Flöhe entfernen, aber es verschaffte mir etwas Linderung.

Oft lag ich wach und zählte die Sterne. Dabei kamen mir dann Bilder meiner Eltern und meiner Schwester vor Augen, am meisten aber Bilder meiner Mutter. Damals dachte ich manchmal, dass ich vielleicht doch besser in Eritrea geblieben wäre. Vielleicht wäre ich aus dem unterirdischen Gefängnis, in das man mich bestimmt gesteckt hätte, irgendwann wieder freigekommen. Meine Mutter hatte geahnt, dass ich fliehen würde, und sie hat mir oft davon erzählt, was anderen Geflüchteten passiert ist: Sie sind in der Wüste gestorben, wurden von den Rashaida ermordet, von Organhändlern ausgenommen. Sie wollte mich damit warnen. Sie sagte aber nie direkt zu mir, dass ich nicht fliehen soll. Auch an die schöne gemeinsame Zeit mit Asmir im Sudan musste ich in diesen kalten Nächten oft denken.

Ich gehörte zwar zum Wachtrupp, aber ich musste mich meist nicht um die Menschen kümmern. Ich habe beim Kochen und Spülen der riesigen Töpfe geholfen und Wasser geholt. In der Fastenzeit habe ich das Essen in die Halle gebracht zu den Fastenden. Bisher hatten sich die Leute das Essen selbst für ihre Gruppe draußen holen müssen. Sonst musste ich nichts machen. Mebrahtu hatte auf mich aufgepasst und mich geschont.

Jeder fastete so gut er konnte. In der letzten Fastenwoche fastet man von morgens bis nachmittags, Karfreitag fastet man komplett bis Samstagabend. Danach kann man rein pflanzlich essen, ohne Fleisch und Milch. Nur wenige von uns schafften es durchzuhalten. Ich habe es versucht, aber nicht geschafft. Andere haben durchgehalten, obwohl sie aussahen, als würden sie bald sterben. Wieder andere waren älter und kräftiger als ich und hatten es nicht einmal versucht.

Ostersonntag war das Fasten beendet. Ostern wird bei uns mit viel Essen gefeiert, besonders mit viel Fleisch. Bei uns gab es stattdessen auch morgens wieder die matschigen Spaghetti. Wir erinnerten uns an unsere Familien und waren traurig. Wir beteten und sangen Kirchenlieder. Das war das erste Fest, das ich ohne meine Eltern verbringen musste. Natürlich haben wir Fasika zuhause ganz anders gefeiert. Wir Kinder bekamen auch immer Geld von unseren Eltern und konnten uns Kleidung kaufen. Diesmal war es für mich wirklich schwer und ich fühlte mich sehr einsam.

Am nächsten Morgen kam einer unserer Wachleute aufgeregt zu uns, denn er hatte ein schwarzes Auto mit verdunkelten Scheiben vor unserem Hof gesehen. Er meinte, darin könnten IS-Leute sitzen, und verließ vor Angst das Lager. Wir konnten nicht sehen, wer im Wagen saß, und hatten Angst. Die Schlepper hatten uns gesagt, dass nur ihre eigenen Autos kommen, aber keine anderen. Dieses Auto kannten wir nicht. Viele Männer versuchten deshalb, über die Mauer zu springen.

Mebrahtu sagte: „Lasst uns hierbleiben, lasst uns zusammenhalten. Wir sind so viele, die können uns nichts tun." Er erklärte außerdem, dass es vielleicht auch die Schlepper sein könnten und dass die Männer die Frauen nicht allein zurücklassen sollten.

Keiner hörte auf ihn, deshalb sagte er den Leuten nicht mehr, dass sie nicht fliehen sollten. Manche flohen über die Mauer aus dem Lager. Manche Väter blieben dort, andere haben ihre Kinder über die Mauer gehoben und ihren Frauen geholfen. Den Frauen, die keinen Mann oder Bekannten hatten, half niemand. Sie weinten vor Angst. Da bin ich auch gegangen. Ich fühlte mich wie ein Verräter. Mebrahtu hatte mich beschützt und ich habe den Frauen nicht geholfen. Ich hatte ein schlechtes Gewissen, aber ich wollte auf keinen Fall wieder ins Gefängnis.

Aus dem Auto war niemand ausgestiegen und nach ein paar Minuten fuhr es wieder weg.

Gleich danach kam der eritreische Schlepper und schrie: „Was ist denn hier los". Er schlug jeden, der ihm im Weg stand. Er fuhr den Geflüchteten hinterher und trieb sie wieder zurück ins Lager. Als ich das sah, bin ich von alleine wieder zurückgegangen, ich war ja noch nicht weit gekommen.

Als alle zurück im Lager waren, befahl der eritreische Schlepper, dass die Männer auf die eine Seite und die Frauen auf die andere Seite der Halle gehen sollten. Wir Bewacher waren draußen und er befahl uns, auch reinzukommen.

Eine Frau sagte aber: „Die Bewacher sind alle dageblieben und haben auf uns aufgepasst."

Darauf sagte der Schlepper, dass wir draußen bleiben sollten und dass er gleich noch was mit uns zu klären hätte. Er schlug die Männer mit dem Stock, bis er müde wurde.

Währenddessen sagte der Junge, der zuerst das Auto gesehen und uns gesagt hatte, dass wir fliehen sollten: „Ich bin doch schuld daran, dass die Leute weggelaufen sind, und wenn das jetzt rauskommt, dann wird er mich bestimmt totschlagen."

Mebrahtu erwiderte: „Mach dir keine Sorgen, wir sagen ihm, dass wir das Auto zusammen gesehen haben."

Wir anderen stimmten zu und als der Schlepper nach draußen gekommen war, fragte er uns, warum die Leute geflohen sind.

„Wir haben ein schwarzes Auto gesehen und haben das den Leuten gesagt und dann konnten wir sie nicht mehr stoppen."

„Was habt ihr denn gesagt, dass sie weggelaufen sind?"

Wir wussten nicht, was wir antworten sollten, denn wir wollten nicht wiederholen, was der Junge gesagt hat. Jeder von uns sagte etwas anderes: Angst vor Entführern oder fremde Schlepper. Deshalb merkte der Schlepper, dass wir ihn angelogen hatten.

Mebrahtu sagte zu ihm: „Können wir mal zu zweit darüber sprechen?"

Der Schlepper beleidigte und provozierte ihn erst heftig und dann sagte er: „Okay, komm."

Mebrahtu blieb trotz allem ruhig und erzählte ihm dann unter vier Augen die Wahrheit. Aber Mebrahtu ist ein Gewinner und er schaffte es mit seinen Worten, dass der Schlepper ruhig blieb und auch zu dem Jungen nichts mehr sagte. Stattdessen gab der Schlepper uns ein Handy, falls nochmal etwas Ungewöhnliches passieren sollte.

## Lageralltag

In den nächsten Tagen wurde es etwas einfacher für uns, denn Mebrahtu konnte mit dem Handy bei den Schleppern anrufen, um ihnen zu sagen, welche Lebensmittel sie mitbringen sollten für diejenigen, die Geld hatten. Meistens handelte es sich dabei um Wasser, weil die Flaschen zum Bevorraten wichtig waren im Lager, außerdem Thunfisch in Dosen, Brot und Erdnüsse. Wir als Wachen bekamen immer etwas davon ab, auch wenn nicht für alle im Lager genug da war. Von den Erdnüssen bekam ich am nächsten Morgen schlimme Bauchschmerzen und Durchfall. Wahrscheinlich, weil die Fliegen die Nüsse infiziert hatten. Es war alles sehr dreckig und es gab viele Fliegen, die Krankheiten übertrugen.

Es hätte zwar zum Waschen genug Wasser gegeben, aber wir konnten mit 1000 Menschen nicht zum Händewaschen nach draußen gehen. Sich drinnen die Hände zu waschen war unmöglich, weil der Boden nass geworden wäre. Dann hätte man nicht mehr darauf schlafen können. Es war überhaupt unmöglich, Infektionskrankheiten zu vermeiden. Wir konnten alle paar Tage duschen, aber eigentlich hatte es keinen Sinn. Wir hatten ja nur unsere schmutzigen Kleider und waren sofort nach dem Duschen wieder schmutzig. Eine Gelegenheit zum

Wäschewaschen gab es nur für die Mütter der kleinen Kinder, die noch in die Hose machten.

Manchmal bestraften die Schlepper auch Leute damit, dass sie zwei Stunden lang nicht zur Essensausgabe durften, wenn sie mal etwas zu laut waren. In diesen zwei Stunden hatten die Fliegen dann das Essen schon mit Krankheitserregen verdorben. Die Menschen mussten aber etwas essen und wurden dann oft krank davon. Manche waren nur noch Haut und Knochen. Manchmal kippte einer einfach um, mitten im Gespräch, weil er zu sehr geschwächt war. Er bekam dann Luft zugefächelt, und wenn kein Schlepper da war, konnten wir ihn kurz nach draußen bringen. Wenn das ein Schlepper doch mitbekam, wurden wir Wachen geschlagen und übelst beleidigt und provoziert. Dabei ging es dann meist um unsere Mütter und Schwestern; das tat immer sehr weh. Wenn Mebrahtu nicht dagewesen wäre, hätten wir sicher sehr viel öfter Schläge bekommen.

Wenn jemand am Ende der Halle beim Sprechen erwischt wurde, ist der Schlepper einfach über die Leute getrampelt, um den Störer zu schlagen. Manchmal kamen auch noch andere Libyer mit, die gar nicht zu den Schleppern gehörten, und schlugen uns, einfach so aus Spaß. Sie waren immer betrunken. Von den Libyern hat jeder eine Waffe. Wenn sie betrunken zu uns kamen, schossen sie in die Luft und sagten, sie würden uns erschießen. Wir hatten große Angst, denn wir hatten schon bezahlt und waren im Grunde für die Schlepper nichts mehr wert. Offenbar genügte es ihnen aber, uns Angst zu machen. Sie haben niemanden erschossen.

Einer der Schlepper verschonte auch die Frauen nicht. Er beleidigte sie, zog sie an den Haaren, schlug sie, und wenn ein Mann oder Bruder sie beschützen wollte, wurde auch dieser geschlagen. Das hat mich immer sehr betroffen gemacht. Es tut wirklich weh, das hilflos mit ansehen zu müssen. Manche Frauen versuchten einfach nur, sich mit ihren Armen zu schützen, aber andere schrien auch zurück oder spuckten. Dann ließ der Schlepper erst recht nicht von ihnen ab, bis

Mebrahtu oder einer der älteren Bewacher kam und ihn rauszog. Der Helfende wurde dabei zwar auch geschlagen, aber er hat trotzdem geholfen.

## Die letzte Etappe zum Mittelmeer

Eines Tages kam Medhanie kurz vorbei, schaute sich um und ging wieder. Danach kamen vier oder fünf Schlepper und kündigten an, dass am nächsten Tag einige von uns zum Mittelmeer fahren würden. Am nächsten Morgen schickten die Schlepper uns Bewacher in die Halle zu den anderen Flüchtlingen, denn dort wurden die Namen vorgelesen von denen, die mitfahren würden. Es gab zwar eine Liste, aber wer einen der Schlepper kannte, der kam eher dran.

Wir hatten Glück und wurden aufgerufen. Nicht namentlich, sondern: „Alle Leute von Futsum, ihr werdet gehen."

Das waren 27 Personen. Insgesamt wurden aber etwa 100 Menschen aufgerufen und zum Nachbarhaus geschickt. Das Haus hatte nur Wände, kein Dach und auch keinen abgeschlossenen Hof. Von hinten konnte ein Lastwagen an den Eingang heranfahren, so dass wir weitgehend unbemerkt einsteigen konnten.

Der Lastwagen hatte Mauersteine geladen, aber nicht direkt auf der Ladefläche, sondern auf einem Gestell wie das mit den Salzsäcken in Bilkazi. Wir krochen unter das Gestell und der Nächste setzte sich zwischen die Beine des Hintermanns. So bildeten wir sehr enge Reihen, bis alle 100 Personen verladen waren. Zuerst stiegen die Frauen mit den Kindern ein, und nachdem sie sich gesetzt hatten, kamen die Männer nach. Die Frauen hatten etwas bessere Plätze und konnten sich auch anlehnen, manche Männer auch, aber ich hatte kein Glück. Die Jüngsten wurden zwar direkt nach den Frauen aufgerufen, aber ich bin in der Mitte der Ladefläche gelandet, da musste man selbst das Gleichgewicht halten, um niemand anderen zu drücken. Nachdem alle eingestiegen waren, wurde der Zugang unter dem Gestell mit Steinen verschlossen. Eine Plane wurde über das Gestell gelegt und die Steine festgebunden. So waren von außen nur Steine zu sehen und keine Menschen.

Die Schlepper warnten uns, auf keinen Fall zu sprechen: „Wenn einer spricht, schlagt ihn, denn ihr werdet sonst alle erwischt."

Zu Beginn der Fahrt musste ich plötzlich husten und konnte den Hustenreiz nicht unterdrücken. Ich hielt mir die Hand vor den Mund, aber es half nicht. Manche haben mich beschimpft und beleidigt, aber was sollte ich denn tun? Ich konnte nichts dafür, was ich ihnen auch sagte. Ich hustete in meinen Pullover. Wir fuhren etwa zwei Stunden und hatten große Angst, dass das Gestell zusammenbrechen und die Steine auf uns fallen könnten.

Als wir endlich angekommen waren, wurden die Steine vom Ausgang beiseite geräumt. Ich sah zuerst Personen mit militärischer Kleidung und bekam einen Riesenschreck. Ich dachte, ich sei wieder in einem

Gefängnis gelandet. Auch das Haus sah aus wie ein Gefängnis. Wir wurden sofort beschimpft, noch während wir ausstiegen. Wir mussten uns aufstellen, eine Reihe Frauen, eine Reihe Männer. Dann wurden wir ins Haus geschickt und erst als ich im Haus war, erfuhr ich von den Leuten dort, dass es doch kein Gefängnis war. Ich konnte aufatmen. Es war eine riesengroße Halle mit etwa 2.000 Personen, eine ehemalige Thunfischfabrik. Viele der Personen warteten schon lange, weil sie das Geld für die Überfahrt nicht bezahlt hatten. Wenn jemand 6 Monate dort war, sah er todkrank aus. Dann haben die anderen ihr Geld zusammengelegt und die Schlepper haben den Preis etwas gesenkt, so dass derjenige dann doch mitfahren konnte. Mit der Zeit wurden es immer mehr Menschen, weil weniger abreisen konnten, als neue Flüchtlinge dazu kamen. Außerdem war das Meer zu unruhig, so dass wir warten mussten, bis das Wetter besser wurde.

Das Haus hatte eine gute Belüftung, so dass wir trotz der sehr beengten Verhältnisse gut atmen konnten. Es gab zwar mehr Toiletten, aber die Wege dorthin waren weit. Wir mussten durch hunderte Menschen laufen, die uns deshalb beschimpften. Deshalb vermied ich Toilettengänge. Wir wurden nicht geschlagen, sondern mit allem beworfen, was verfügbar war: Töpfe, Steine, Löffel. Die Wachen dort, zumeist Libyer, haben uns regelrecht gehasst.

Ein paar Jungs hatten ein Dominospiel dabei. Sie fragten mich, warum ich aus Eritrea geflohen bin, ich sei doch noch so jung und warum ich nicht im Sudan geblieben sei. Wenn ich das alles vorher gewusst hätte, wäre ich wohl nicht aus Khartum und von Asmir weggegangen, obwohl wir Habescha im Sudan verhasst sind. Die Jungs allerdings konnten kein Arabisch, sie hätten ohnehin keine Zukunft im Sudan gehabt. Wir erzählten uns unsere Erlebnisse aus dem Sudan und lachten darüber, obwohl es eigentlich traurig war. So haben wir uns angefreundet.

Nach etwa einer Woche konnten wir weiterreisen.

## Überfahrt

Wir wussten nur ungefähr, dass die Reise innerhalb der nächsten Tage beginnen würde, aber welcher Tag es tatsächlich sein sollte, erfuhren wir erst unmittelbar vorher. Ein Schlepper hatte eine Liste und las unsere Namen vor, etwa 700 Namen insgesamt. Wir brachen nachts auf und gingen los zum Meer, es war nur ein 15-Minuten-Fußweg. Milizen bewachten uns. In erster Linie waren sie für einen zügigen und stillen Ablauf zuständig, was sie mit Schlägen durchsetzten. Am Strand angekommen, mussten wir uns auf sieben Reihen verteilt zunächst in den Sand setzen. Es gab zwei kleine, motorisierte Schlauchboote mit Platz für vielleicht vier oder fünf Personen. Wir bestiegen sie aber mit jeweils 20 Personen.

Damit wurden wir zu zwei blauen Holzbooten gebracht, wie man sie aus den Nachrichten kennt. Die Boote hatten ein Oberdeck und ein Unterdeck und jeweils ca. 350 Personen stiegen ein, natürlich sehr dicht gedrängt. Wir bestiegen das Boot über ein Seil, manche brauchten dabei Hilfe. An Bord wurde uns ein Platz zugewiesen. Frauen durften nicht nach unten, vermutlich, weil sie das nicht aushalten würden. Unter Deck war es sehr heiß, dunkel, eng und fensterlos. Zum Glück waren auf unserem Boot wenige Frauen, so dass auch Männer oben bleiben konnten. Ich betrat recht spät das Boot, unten war es schon ziemlich voll. Der Schlepper wies mich an, oben zu bleiben. Ich sollte mich direkt neben den Durchgang zum Unterdeck setzen.

Ein großer Mann, der schon unten war, forderte mich auf, nach unten zu kommen und ich sagte: „Nein, ich komme nicht, lass mich."

Dann versuchte er, mich an den Beinen nach unten zu ziehen. Ich rief auf Arabisch in Richtung Schlepper: „Der Mann will mich nach unten ziehen!"

Der Schlepper kam sofort zu uns und trat den Mann an den Kopf. Der Mann stürzte und ich konnte oben bleiben.

Als das Boot fertig beladen war, mussten wir die Luke nach unten schließen. Später öffneten wir sie wieder, damit die Menschen unter Deck wenigstens ein bisschen frische Luft bekamen. Sie wollten nach oben kommen, ihnen war übel und sie hatten Angst.

Aber der Fahrer sagte: „Niemand darf seinen Platz verlassen, das Boot könnte kippen."

Es gab auch Männer, die darauf geachtet haben, dass keiner rauskommt. Sie machten denen unter Deck Mut, indem sie ihnen sagten, was sie sahen.

Das Boot war sehr wackelig und wir mussten das Gleichgewicht halten, indem wir nur minimal unser Gewicht verlagerten. Richtig bewegen konnten wir uns nicht.

Als der Morgen dämmerte, waren wir von Wasser umgeben, von allen Seiten schwarzes Wasser. Wir hatten viel Seegang, das Boot sprang auf den Wellen, was uns sehr ängstigte. Noch mehr Angst als auf dem Meer hatte ich aber in der Wüste. Im Meer stirbt man schneller, man ertrinkt und das geht recht schnell. In der Wüste sieht man nur Sand. Man kann auf viele Arten dort sterben: vom Sand verschüttet werden, von anderen Schleppern entführt, vom Auto herunterfallen und dann verdursten. Das Sterben in der Wüste dauert viel länger als im Meer, man trocknet langsam aus.

Wenn das Boot sehr stark schaukelte, fingen die Frauen an zu singen und die Männer stimmten mit ein. Es waren tröstende, Mut machende, religiöse Lieder. Das hat uns sehr geholfen. Die Frauen hatten tränennasse Gesichter.

Ich saß mit ein paar Jungs zusammen und wir unterhielten uns. Es war jetzt strahlendes Wetter und die frische Luft war schön. Fast wie eine Art Urlaubsstimmung, aber gleichzeitig war unsere Angst groß.

Es gab auch Essen für uns: Obst, Brot und Marmelade, aber niemand wollte essen.

In der Ferne sahen wir Bohrinseln mit aufsteigendem Rauch. Wir dachten, das sei Italien. Enttäuscht erkannten wir unseren Irrtum. Es waren immer nur Bohrinseln, kein Festland.

In der Abenddämmerung entdeckten wir in der Ferne ein italienisches Marineschiff. Unser Fahrer änderte die Richtung und nahm Kurs auf das Schiff, während sich das Schiff auch uns näherte. Wir brauchten einen Sicherheitsabstand, damit die Bugwellen unser Boot nicht kentern ließen. Die Soldaten kamen mit Schlauchbooten zu uns. Unser Kapitän hatte sich versteckt und die Soldaten fragten, wer uns gefahren hat. Wir sagten ihnen, dass wir selbst gefahren seien. Der Fahrer ist Tunesier und wollte ebenfalls nach Europa. In Italien hatte ihn vermutlich doch jemand verraten, denn ich habe gesehen, wie er zusammen mit den Schleppern von anderen Flüchtlingen getrennt wurde.

Jeweils zwei Schlauchboote links und rechts leiteten uns weg vom Kriegsschiff zu einem zivilen Schiff, das inzwischen eingetroffen war. Die Soldaten waren nett und sprachen Englisch mit uns. Sie fragen uns, wie die Fahrt bisher war und ob das Boot irgendwo ein Leck hatte. So kurz vor der Rettung wollten dann doch einige der Männer essen und begannen, sich darum zu streiten. Aber das Essen war schnell verteilt und damit endete der Streit auch.

Unser Rettungsschiff war ein unbeladenes Frachtschiff mit rotem Rumpf. Die Besatzung war ganz weiß gekleidet. Unser wackeliges Boot konnte direkt heranfahren und wurde mit einem Stahlseil festgebunden. Alle wollten möglichst schnell das Boot verlassen, so dass es mehrmals umzukippen drohte, obwohl es gesichert war. Auch die Menschen unter Deck drängten heraus. Ich habe auch versucht, auf das Frachtschiff zu gelangen, aber ich wurde von stärkeren Männern weggedrängt. Zuerst durften Frauen und Kinder an Bord des Frachtschiffes gehen. Letztlich wurden alle gerettet und niemand wurde verletzt. Das kann sehr leicht passieren: Das Boot konnte immer noch kentern oder man fällt ins Meer oder wird eingequetscht.

Auf dem Frachtschiff waren bereits viele Geflüchtete, aber es gab noch reichlich Platz. Jeder bekam einen Schlafplatz und zwei Decken. Mit der Dunkelheit kam die Kälte. Weil wir alle unterernährt waren, froren wir sehr trotz der Decken. Die Besatzung teilte uns Essen aus. Es gab Reis, Mineralwasser und zum Nachtisch eine Apfelsine. Mehr Wasser wäre gut gewesen, aber weil es so kalt war, reichte das Wasser fürs Erste.

Nach dem Essen konnten wir endlich schlafen. Ich schlief schnell ein, und als ich am nächsten Morgen aufwachte, sah ich noch immer nur Wasser. Wir fuhren noch einen weiteren Tag auf hoher See. Ein weiteres Mal wurden Flüchtlinge aufgenommen, aber das Schiff stoppte trotzdem noch mehrfach.

## Ankunft auf Sizilien

In der zweiten Nacht sahen wir die ersten Lichter der italienischen Küste – Sizilien! Das war so unglaublich, wie eine zweite Geburt. Alle waren so glücklich – einfach unbeschreiblich. Wir hatten es geschafft! In der Morgendämmerung liefen wir in den Hafen ein. Dort standen viele Busse und Autos bereit. Es gab auch ein Zelt für die Registrierung. Ich bin ganz nach vorne gegangen, um alles genau beobachten zu können, aber ich wurde wieder zurückgedrängt. Wir sollten uns in eine Schlange aufstellen, um durch den schmalen Ausgang das Schiff verlassen zu können. Zuerst durften aber die Kranken und Verletzten aussteigen. Wir gingen direkt ins Zelt, wo jeder seinen Namen und sein Alter sagen sollte. Ich habe meinen Namen selbst geschrieben, weil der Mann ihn nicht verstanden hatte. Danach gab es eine kurze körperliche Untersuchung. Fiebermessen in den Ohren und eine Untersuchung der Hände wegen der Krätze. Ich war minderjährig und wurde mit den anderen Jugendlichen zu einem bestimmten Bus geschickt. Die Kranken wurden schnell isoliert und mit Bus oder Krankenwagen abtransportiert.

Nach etwa 20 Minuten Busfahrt erreichten wir ein großes Haus und gingen in einen Saal mit Betten. Dort bekamen wir eine Tüte mit frischer Kleidung und Schuhen sowie Handtücher und Shampoo und dann durften wir duschen. Endlich! Es gab kaltes und warmes Wasser. Wir durften so lange duschen, wie wir wollten, das war paradiesisch. Frisch geduscht und neu eingekleidet ging es in einen Speisesaal. Wir konnten uns alles aussuchen – Hähnchen, Fisch, Reis, Suppe, Früchte, Joghurt. Alles, was man sich vorstellen konnte, und so viel man wollte. Es war köstlich. In unserem Schlafsaal konnten wir eine halbe Stunde Pause machen, bevor es weiterging. Ich schlief schnell ein, obwohl es erst mittags war. Kurz darauf wurde ich geweckt, wir fuhren weiter mit dem nächsten Bus, Zielort: Mailand.

## Mit dem Bus durch Italien

Wir fuhren mit einem komfortablen Reisebus, jeder hatte einen Sitzplatz. Wir waren minderjährige Jungen und Mädchen in insgesamt vier Bussen. Vor jedem Sitzplatz gab es einen ausklappbaren Tisch. Darauf konnte man den Kopf zum Schlafen legen. Die Fahrt dauerte lange, ich bin immer wieder eingeschlafen.

Nach einer Weile begann die Dämmerung und dunkler Nebel zog auf. Wir fuhren an einer steilen Bergkette entlang. Über uns waren Häuser und unter uns auch. Ich fragte mich, wie man dort leben könnte. Zwischendurch fuhren wir sogar in den Berg hinein. Das war gruselig, denn ich konnte mir nicht vorstellen, wie man einen so langen Tunnel in den Berg graben konnte. Ich wusste, dass es in Europa dunkel und kalt ist und jetzt fuhren wir in die Dunkelheit. Ich glaubte wirklich, es bliebe so dunkel.

Als es schon Nacht geworden war, erreichten wir die Küste von Messina, wo wir mit der Fähre übersetzen sollten. Der Bus fuhr direkt auf die Fähre. Wir bemerkten das überhaupt nicht, erst als der Busfahrer zu uns sagte, dass wir aussteigen durften. Die Busfahrer begleiteten uns nach oben zu den Toiletten, damit wir uns nicht verliefen. Dann erst realisierte ich, dass ich auf einem Schiff war! Vom oberen Deck aus sah ich das Meer, vorher konnte man nur die stählernen

Schiffswände sehen. Das konnte ich erst gar nicht glauben, denn ich hatte so etwas nie zuvor gesehen. Für uns alle war das unglaublich krass und wir staunten sehr. Wir blieben immer wieder stehen, um alles zu sehen. Die Fähre war wie eine kleine Stadt. Es gab eine Bar und ein Restaurant mit weiß gekleideten Kellnern. Das war eine vollkommen neue Welt für mich.

Die Überfahrt dauerte nicht lange und so stiegen wir wieder in unseren Bus. Ich bin gleich eingeschlafen und habe nichts mehr mitbekommen. Überhaupt schlief ich viel während der Fahrt. Der Bus war so bequem und ich war auch ziemlich erschöpft. Ich war in Sicherheit, aber irgendwie konnte ich das noch gar nicht richtig begreifen. Auf dem Mittelmeer hatten wir uns fast aufgegeben, weil das Boot jederzeit untergehen konnte. Nun hatten wir alles überlebt und fuhren durch Italien. Ich war unendlich dankbar, wir alle waren das. Wir fühlten uns beinahe unsterblich, denn wir hatten so Schreckliches überstanden. Es war eine unbeschreibliche Stimmung, eine Mischung aus Glücklichsein und Erleichterung. Wir mussten keine Angst mehr haben und waren auch keinem Hass mehr ausgesetzt. Gleichzeitig waren da die schlimmen Erlebnisse in unserer Erinnerung und es blieb auch ein gewisser Zweifel, ob das alles wirklich wahr sein konnte.

## Padua

Morgens gab es noch einen Kurzstop, wir aßen schnell ein paar Kekse und Äpfel und fuhren den ganzen Tag weiter. Gegen 20 Uhr erreichten wir Padua, von Mailand war keine Rede mehr. Wir sollten in einem Hotel übernachten und dachten, dass wir am nächsten Tag weiterfahren würden nach Mailand. Mit kleineren Autos wurden wir zu den Hotels gefahren. In unserem Hotel schienen nur Flüchtlinge zu sein. Ich war mit drei Jungs in einem Zimmer untergebracht. Ich genoss die Dusche sehr, allein für mich und mit einem duftenden Shampoo. Danach ging es zum Essen ins Hotelrestaurant. Es gab Kartoffelpüree, Salat, Brot mit Marmelade und als Nachtisch Fruchtjoghurt. Das Getränk durften wir uns aussuchen. Ich bestellte mir eine Cola, das war unglaublich! Im Zimmer lagen für uns Schlafanzüge, Handtücher und Hausschuhe bereit. Wir hatten Doppelstockbetten und sogar einen bereits eingeschalteten Fernseher, aber keiner wollte fernsehen. Wir wollten nur schlafen und schalteten Fernseher und Licht aus. Wir redeten noch ein bisschen über die Fahrt. Nur einer der Jungs hatte mitbekommen, wie der Bus die Fähre verlassen hat. Mitten im Gespräch schliefen wir nacheinander ein.

Wir schliefen aus, keiner hatte uns geweckt. Gegen 9 Uhr gingen wir in den Speiseraum, wo bereits andere Flüchtlinge saßen. Sie sprachen darüber, dass es gleich zur Polizeistation gehen sollte, wo wir erneut registriert würden. Ich bekam mit, dass man in anderen Ländern nicht aufgenommen wird, wenn man Fingerabdrücke in Italien abgegeben hatte. Deswegen wollten sie fliehen, aber wir wurden bewacht. Wir wurden zur Polizeistation gebracht, wieder die Minderjährigen von den Erwachsenen getrennt. Bei der Polizei gab es einen Dolmetscher, der Arabisch konnte, aber die meisten von uns sprachen kein Arabisch. Einige übersetzten, ich aber nicht. Der Dolmetscher sagte, wir müssten Fingerabdrücke machen lassen, aber das diene nur zur hiesigen Registrierung. Die Daten blieben in Italien, wir dürften dennoch das Land verlassen, aber nicht alle glaubten das. Letztlich hatten sie aber keine Wahl. Wir Minderjährigen brauchten dann aber doch keine Fingerabdrücke abzugeben. Wir mussten nur unseren Namen schreiben, unser Alter und woher wir kamen.

Alle Minderjährigen wurden anschließend von verschiedenen Familien abgeholt, bei denen wir bleiben sollten. Auch ich sollte mit einem Ehepaar gehen, aber ich wollte das nicht. Was sollte ich in einer Familie! Ich musste aber mitfahren und während der Fahrt fragten sie mich auf Englisch nach meinem Namen, meiner Herkunft, meinem Land. Sie brachten mich zu ihrem Haus, wo es schon sieben andere Flüchtlinge gab, Erwachsene, überwiegend aus anderen afrikanischen Ländern. Die begrüßten mich freundlich, ebenfalls auf Englisch. Für mich war das Stress, denn ich wollte dort nicht leben.

Ich bekam ein Zimmer für mich alleine und habe erstmal geduscht und gegessen. Das Ehepaar sagte mir, dass ich am nächsten Tag mit ihnen zum Einkaufen gehen sollte, ich sagte zu allem okay. Ich war alleine, in einer anderen Welt und völlig fremd, was sollte ich auch sagen. Zum ersten Mal gab es niemanden, mit dem ich Tigrinya sprechen konnte.

Erst am nächsten Tag entdeckte ich noch vier weitere Eritreer, die auch in dem Haus waren. Das war wie eine Befreiung für mich, denn endlich konnte ich mit jemandem in meiner Muttersprache reden. Sie wollten - wie ich - nicht in Italien bleiben, sondern nach Deutschland und ich sagte ihnen, dass ich mitkommen würde Richtung Norden. Ich fragte sie, wie wir das machen könnten und sie wollten es mit dem Mann besprechen. Sie sagten dem Mann, dass sie weiterreisen wollten, und er meinte, dass sie gehen könnten, aber ich solle bleiben. Er wollte mich zur Schule schicken und ich solle bei ihm wohnen. Das kam für mich nicht infrage.

Er sagte: „Keiner zwingt dich hierzubleiben" und „Okay, ich bringe euch zum Bahnhof. Aber das Geld für die Fahrt müsst ihr euch selbst besorgen."

Mir hat er trotzdem zehn Euro gegeben. Er ließ uns in der Nähe vom Bahnhof aussteigen. Vielleicht wollte er nicht, dass andere ihn für einen Schlepper hielten. Wir liefen ziellos umher, denn wir hatten kein Geld, um nach Mailand zu fahren. Als wir Hunger bekamen, wollten wir für meine zehn Euro etwas essen, aber das reichte nicht für etwas Gekochtes. Also gingen wir in einen Laden und kauften Kekse und Wasser. Wir fragten einen Passanten, aber er konnte uns nicht verstehen und ging weiter. Deshalb trauten wir uns auch nicht, andere Personen zu fragen. Wenn wir Polizisten sahen, liefen wir weg. Meine Kameraden waren bisher um die Fingerabdrücke herumgekommen und wollten jetzt nicht noch welche abgeben müssen.

Als wir eine Straßenbahn sahen, dachten wir, sie fährt nach Mailand. Wir stiegen einfach hinten ein, niemand fragte uns nach einer Fahrkarte. Wir erkannten aber schnell, dass die Straßenbahn nur innerhalb der Stadt fährt, so stiegen wir nach zwei Stationen wieder aus. Auf dem Rückweg zum Bahnhof verliefen wir uns und es dauerte eine ganze Weile, bis wir wieder den Bahnhof erreichten.

Dort sahen wir die Fernzüge. Einer von uns entdeckte an einem Bahnsteig ein Schild „Milano", aber wir wussten nicht, wie man dorthin kommen konnte. Es gab eine Treppe nach unten, aber die führte zum Ausgang. Die Treppen zum anderen Gleis befanden sich jeweils am Ende des Bahnsteigs, das hatten wir nicht gesehen. Einer von uns schlug vor, einfach direkt über die Gleise zu gehen. Zwei von uns gingen los und ich sprang den beiden anderen hinterher ins Gleisbett! Ich hatte nicht gesehen, dass ein Zug einfuhr. Wir mussten zwei Gleise überqueren und der Zug kam immer näher. Die Leute auf dem Bahnsteig schrien und rissen die Hände hoch. Die Bahnsteigkante war sehr hoch und ich brauchte zwei Anläufe, um hochzukommen. Wir schafften es nur ganz knapp, bevor der Zug einfuhr. Das war wirklich sehr gefährlich für uns. Ich hätte sterben können am Bahnhof.

Die wartenden Fahrgäste waren sehr erschrocken und sagten uns, dass wir das nicht hätten tun dürfen. Da wurde uns klar, dass es verboten ist und außerdem sehr gefährlich war, und der Schreck fuhr uns in die Glieder. Der Zug, vor dem wir nur knapp entkommen waren, fuhr gar nicht nach Mailand. Zwei Frauen zeigten uns die Unterführung zu den anderen Bahnsteigen. Wir gingen runter und mussten uns erstmal hinsetzen, um uns von dem Schreck zu erholen. Dann kamen zwei Habescha-Mädchen aus Äthiopien. Sie erkannten uns als geflüchtete Habescha und wussten, dass wir Hilfe brauchen. Sie sprachen uns auf Amharisch an und manche von uns konnten sie verstehen. Amharisch ist verwandt mit Tigrinya und einige Worte sind gleich, die Sprachen klingen aber unterschiedlich.

Die Mädchen waren Studentinnen und konnten uns nicht die Fahrkarten bezahlen, aber für „den Kleinen", also mich, würde es reichen. Sie boten uns an, dass wir Geld von unseren Verwandten auf ihr Konto überweisen lassen, das sie uns dann geben konnten. Meine Kameraden waren nicht damit zufrieden, dass die Mädchen nur mir Geld für die Fahrt geben wollten. Sie nahmen aber das Angebot an, ihre Verwandten anzurufen. Einer der Verwandten lebte in Padua und wollte sich sofort auf den Weg zu uns machen. Ich sollte allein nach Mailand fahren, aber ich traute mich nicht und wartete lieber auf die anderen. Die Mädchen kauften für uns Kekse und Wasser und boten uns an, noch ein paar ihnen bekannte Habescha anzurufen und zu fragen, ob sie uns helfen könnten. Wir dürften bei ihnen übernachten.

Nach etwa einer Stunde kam der Verwandte. Er war ziemlich unfreundlich und gab nur seinem Verwandten Geld. So kaufte er ein Ticket und die Mädchen kauften eins für mich. Plötzlich kam noch ein anderer Habescha dazu, der konnte aber auch nur für eine Person bezahlen. Zwei von uns hatten also noch keine Fahrkarte. Er bot ihnen an, dass sie bei ihm oder in der Kirche übernachten könnten.

Die Mädchen haben noch extra Essen für die Fahrt für mich gekauft. Sie waren wirklich supernett, aber wir konnten uns nicht gut verständigen. Sie warteten trotzdem noch mit uns, bis der Zug kam. Sie haben mir auch ihre Namen gesagt, aber die habe ich leider vergessen. Ich würde sie wirklich gerne wiedersehen, aber ich befürchte, dass wir uns jetzt gar nicht mehr erkennen würden. Überhaupt würde ich alle gern wiedersehen, die mir geholfen haben. Ich würde sie alle umarmen, Bilder machen, Telefonnummern austauschen und für immer in Kontakt bleiben.

## Mailand

Zu dritt stiegen wir dann in den Zug ein. Wir hatten fest gebuchte Sitzplätze. Während der Fahrt gab es zwei oder drei Fahrkartenkontrollen. Ohne Ticket hätten wir keine Chance gehabt.

Am Abend erreichten wir Mailand, es war schon dunkel geworden. Die Mädchen hatten uns erzählt, dass es dort viele Habescha gab. Wir haben uns nicht getraut, einen Weißen zu fragen. Wir fragten also andere Habescha, aber die waren oft ziemlich abweisend. Manche taten so, als würden sie uns nicht verstehen und liefen weiter. Andere zeigten uns den Weg ins eritreische Viertel. Dort gab es Bars und Restaurants und die hatten sogar Namen, deren Schilder auf Tigrinya geschrieben waren. Man konnte Musik auf Tigrinya hören und wir fühlten uns erleichtert, auch wenn die Leute so abweisend waren. Die Eritreer erzählten uns von einer Flüchtlingsunterkunft. Dort gab es Habescha, die den Flüchtlingen helfen. Man musste keine Fingerabdrücke abgeben und durfte zwei Wochen bleiben. Sie könnten uns aber leider nicht nachts dorthin bringen.

„Wo sollen wir denn übernachten?", fragten wir.

„Ihr könnt da hinten unter der Brücke schlafen, aber ihr müsst aufpassen, dass eure Sachen nicht gestohlen werden."

Am nächsten Morgen würden Flüchtlingshelfer kommen und uns zu der Unterkunft
bringen. Wir hatten keine Sachen, auf die wir
hätten aufpassen müssen. Wir gingen zur
Brücke und legten uns einfach auf die Wiese,
etwas entfernt von den anderen Obdachlo-
sen. Mir war so richtig kalt, ich trug auch
keine warmen Sachen. Ich zog die Ärmel meines Pullovers über meine Hände. Die Kapuze
zog ich mir über den Kopf und kauerte mich
zusammen. Ich konnte nicht schlafen, die
Nacht war für mich sehr lang. Es wurde hell
und wir hofften, dass die Helfer bald kommen
würden. Niemand kam und so gingen wir
wieder in das eritreische Viertel. Dort sagte
man uns, dass sie erst gegen halb zehn kommen würden.

Die Eritreer sahen, dass wir froren und Hunger hatten, aber niemand bot uns Hilfe an, obwohl es doch Habescha waren. Dann fragten wir, ob wir mit ihrem Handy telefonieren dürften, aber sie sagten, sie hätten kein Guthaben. Schließlich fanden wir jemanden, der verlangte aber Geld. Ich sagte immer nur okay, ich wollte unbedingt meine Schwester anrufen und ihr sagen, dass ich in Italien angekommen bin. Eigentlich wollte ich sie nicht wieder um Geld bitten. Ich rief also Asmir an und sie war sehr erleichtert, dass ich die Überfahrt überlebt hatte. Dann bat ich sie doch um Geld, das sie auf die Handynummer des Mannes schicken konnte, dessen Telefon ich gerade benutzte.

Wir hatten in Rom Verwandte und Asmir meinte, ich soll nach Rom gehen. Aber ich wollte nicht. Um halb zehn waren wir zurück an der Brücke und die Flüchtlingshelfer kamen. Es waren viele Flüchtlinge dort, auch viele, die woanders übernachtet hatten. Wir wurden mit Bussen zu der Unterkunft gebracht. Dort meldeten wir uns mit unseren Namen und wurden sofort untersucht. Danach bekam jeder eine kleine Karte, die wir später immer dem Security zeigen mussten, um wieder in das Lager zu kommen. Ich hatte Glück, denn ich kam in ein kleineres Haus, es gab auch eins mit einer großen Halle, in der die Leute schlafen mussten. Mein Zimmer hatte Platz für vier Personen und es gab leckeres Essen: Fisch, Reis, Pasta, Lasagne.

Frühstück, Mittagessen und Abendessen. Man durfte aber kein Essen mit ins Zimmer nehmen, bloß Getränke.

Wir bekamen auch eine Essenskarte, wo es für jede Mahlzeit einen Stempel gab, damit man nicht zweimal Essen holt. Das war gar nicht nötig, denn man konnte sich ja zu jeder Mahlzeit sattessen. Wir bekamen auch alles, was man zur Körperpflege brauchte. Auch Kleidung gab es, gebraucht, aber sauber und ich konnte mir etwas Passendes aussuchen. Socken und Unterwäsche waren neu. In der Unterkunft arbeiteten auch Habescha, die redeten zwar mit uns, aber nicht über Politik.

Zwischen den Mahlzeiten bin ich immer wieder in die Straße mit den Habescha-Restaurants gefahren. Ständig lief mir der Mann, dessen Telefon ich benutzt hatte, hinterher und fragte, wann das Geld kommt. Dabei konnte ich gar nicht wissen, wie lange das dauert. Er verlangte mehrmals, dass ich bei meiner Schwester anrufen sollte, um nach dem Geld zu fragen. Natürlich rief ich gerne bei Asmir an, sie hatte das Geld bereits losgeschickt. Er lud mich unterdessen gelegentlich zu einem Kaffee ein – obwohl ich gar nicht so gerne Kaffee trinke. Als das Geld drei Tage später endlich eintraf, hat er 50 € davon behalten und mir 300 € gegeben. Davon kaufte ich mir ein Handy, das war das Wichtigste. Es war ein Huawei und kostete 100 €. Ich kaufte auch eine SIM-Karte mit Guthaben. Damit konnte ich endlich meine

Schwester und meine Mutter anrufen, ohne auf andere angewiesen zu sein.

Meine Kameraden hatten inzwischen auch Geld geschickt bekommen und sich Handys gekauft. Dann traf ich Dejen, den ich in Libyen kennengelernt hatte. Wir hatten auch zusammen das Meer überquert. Auf Sizilien hatten wir uns aus den Augen verloren, weil er schon volljährig war und in eine andere Unterkunft kam. Bisher hatte er es irgendwie geschafft, keine Fingerabdrücke abgeben zu müssen. Er war im selben Flüchtlingsheim wie ich, allerdings schlief er in der großen Halle und so waren wir uns bisher noch nicht begegnet.

Dejen fragte mich, wo ich hingehen will, aber ich wusste es bis dahin noch gar nicht, es war mir eigentlich egal. Deutschland war nicht wirklich mein Plan, denn Deutschland ist bei uns nicht so bekannt. Asmir sagte aber, wie die vier Eritreer in Padua auch, dass es gut sei, nach Deutschland zu gehen. Dejen wollte aber nicht nach Deutschland, sondern weiter in den Norden. Wir beschlossen, bis nach Deutschland gemeinsam zu fahren.

Wir wussten nicht, wie man ein Ticket kauft, und fragten einen Habescha, ob er uns helfen könne. Er kaufte dann für jeden von uns eine Fahrkarte und bekam von uns 20 € für seine Hilfe. Wenn wir nicht aufgepasst hätten, hätte er beim Ticketkauf sicher etwas von dem Wechselgeld eingesteckt. Er hatte uns nur geholfen, weil er Geld dafür bekam. Wir gingen nicht zurück in das Flüchtlingsheim, um uns dort abzumelden, sondern sind direkt in den Zug gestiegen. Der Mann hatte uns vor den Kontrollen im Zug gewarnt, bei denen man aussteigen musste, um Fingerabdrücke abzugeben, aber es kamen keine Polizisten.

Mit uns im Abteil saß eine Frau, die irgendwann anfing zu essen. Wahrscheinlich starrten wir zu sehr auf ihr Essen und sie bemerkte sicher auch unsere schäbige Kleidung. Sie fragte uns, ob wir etwas zu essen haben wollten. Wir sagten sofort Ja, sie gab uns ihre Kekse und auch ihre Wasserflasche. Es war zwar irgendwie auch peinlich, aber wir freuten uns, dass wir Essen bekamen. Sie fragte uns auf Englisch, ob wir neu seien.

Immer wieder schauten wir hinaus in den Gang, ob ein Polizist käme, dann wären wir schnell in die entgegengesetzte Richtung gelaufen und hätten uns versteckt. Durch meine bisherige Erfahrung mit Uniformierten wollte ich Kontakt zu Polizisten unbedingt vermeiden. Dass Polizisten hier anders sind, konnte ich nicht wissen.

In der Nacht schliefen wir gar nicht, weil wir immer Angst hatten, dass doch noch jemand kam und uns aus dem Zug holte, um Fingerabdrücke zu nehmen.

Wir fuhren in einem ICE, das war schon beeindruckend, weil es so komfortabel war und schnell. Durch die Fenster konnten wir die schneebedeckten Berge sehen. In Österreich mussten wir in einen anderen ICE umsteigen, fast ohne Wartezeit und auf demselben Bahnsteig.

## München

München war voller Polizisten, an jeder Zug-
tür waren gleich mehrere. Alle Fahrgäste, die
nicht eindeutig deutsch aussahen, wurden
nach ihrem Ausweis gefragt. So wurden alle
Flüchtlinge abgefangen, keiner konnte weglaufen. Sie haben uns zur nächsten Polizeistation mitgenommen. Wir waren eingekes-
selt. Sie liefen vor uns, hinter uns und seit-
lich auch. Wir waren etwa 50 Flüchtlinge o-
der mehr. Manche versuchten wegzulaufen,
wurden aber sofort festgehalten und zurück
in die Gruppe gedrängt. Wir hatten zwar
Angst, aber die Polizisten waren freundlich.
Keiner zog an unserer Kleidung oder schrie
uns an.

Dejen wollte zwar eigentlich weiterreisen, aber nun musste auch er mitkommen. Bei der Polizeiwache mussten wir uns in Reihen aufstellen und wurden durchsucht. Dazu mussten wir unsere Jacken ausziehen, manche sogar alles bis auf die Unterhose. Wir Jüngeren wurden nur schnell abgetastet. Die Erwachsenen mussten Fingerabdrücke abgeben, Daumen und Zeigefinger von beiden Händen. Bei mir und anderen Minderjährigen wurden wieder keine genommen, aber der Name notiert. Ein paar Flüchtlinge wurden danach von den Polizisten woanders hingebracht.

Die deutsche Sprache klang für mich sehr seltsam. Ich hatte mir eigentlich gedacht, dass in Deutschland englisch gesprochen wird, aber das war natürlich ein Irrtum. Und Bayrisch ist ja nochmal anders.

Dann sagten sie den Erwachsenen auf Englisch, dass sie gehen könnten, in ein Camp oder irgendwohin. Sie bekamen lediglich einen Zettel mit der Adresse der Unterkunft und einen Stadtplan. Wir Minderjährigen sollten in ein spezielles Camp gebracht werden. Dejen und ein paar andere Flüchtlinge wollten wieder zum Bahnhof. Ich ging mit ihnen, obwohl ich eigentlich zusammen mit den anderen Minderjährigen ins Camp sollte. Keiner hatte es bemerkt, so kam ich mit den Erwachsenen nach draußen.

Am Bahnhof wollte Dejen seine Zugfahrt fortsetzen. Die anderen hatten vor, mit der U-Bahn zum Camp zu fahren. Da war ich plötzlich allein und fragte mich, was ich tun sollte. Ich hatte keine Orientierung und bin einfach die Treppen nach unten gegangen, immer weiter, bis es nicht mehr ging. Irgendwann ging es nach oben und ich war wieder draußen. Nachts traute ich mich nicht, die Leute nach dem Weg zu fragen. Immer wenn ich eine Treppe sah, bin ich nach unten und am anderen Ende wieder nach oben auf die Straße gegangen. Ich habe keine Ahnung, wie, aber irgendwann erreichte ich wieder den Bahnhof. Weil ich nicht wusste, wohin ich sollte, ging ich wieder zur Polizeistation.

Sie haben mich wiedererkannt und lächelten. Mit einem Auto wurde ich zu einem Haus der Jugendhilfe gebracht. Ich kam in ein Zimmer, in dem schon ein anderer Jugendlicher seit zwei Wochen wohnte. Meine Begleiter brachten mir sogar noch Essen aufs Zimmer, Brot, Thunfisch und Wasser. Danach schlief ich sofort in unserem Doppelstockbett ein.

Am nächsten Morgen rief ich einen Verwandten an, der schon länger in Deutschland war und dessen Telefonnummer ich in Italien bekommen hatte. Es war Major, der Bruder meines Cousins Mebrahtom. Mit Mebrahtom war ich zusammen aus Eritrea geflohen und wurde von ihm nach der Flucht aus Atosha getrennt. Major erzählte mir, dass Mebrahtom vor ein paar Wochen in Hamburg angekommen sei. Mebrahtom hatte also überlebt und ich freute mich unglaublich, ihn bald sehen zu können. Es war sofort klar, dass ich zu ihm nach Hamburg fahren würde. Ich würde nicht alleine sein in der fremden Stadt. Mein Mitbewohner war so nett, mich zum Bahnhof zu begleiten, alleine hätte ich den Weg nicht gefunden. Am Bahnhof sah ich andere Leute aus Eritrea und die fragte ich, wie nach Hamburg fahren könne.

Die Jungs zeigten mir, wo die Züge nach Hamburg abfuhren und dort versuchte ich direkt einzusteigen. Meine Versuche scheiterten, weil überall Kontrolleure waren, die schon vor dem Einsteigen die Fahrkarte sehen wollten. Eigentlich war das dumm von mir gewesen, aber ich wollte einfach losfahren. Als der Zug ohne mich abgefahren war, bin ich zurück zu den Eritreern. Sie fragten gleich, ob ich Geld hätte. Ich misstraute ihnen, denn es gibt viele Betrüger. Es kann sein, dass sie sich das Fahrgeld geben lassen und dann verschwinden, das wollte ich nicht riskieren. Oder sie kaufen ein Ticket, verlangen aber dafür viel mehr Geld als das Ticket kostet. Es war aber auch ein anderer Junge dabei, der sich gerade von ihnen helfen lassen wollte. So fasste ich Vertrauen und ließ mich ebenfalls darauf ein. Sie kauften also für uns die Tickets und hatten uns nicht betrogen.

## Ankunft in Hamburg

Unser Zug fuhr bald darauf los, diesmal war es kein ICE. Wir mussten ganz oft umsteigen und wussten überhaupt nicht wie und wo. Im Zug zeigten wir anderen Fahrgästen einfach unsere Tickets und sie sagten uns, ob wir weiterfahren oder am nächsten Bahnhof umsteigen mussten. Auf einem Umsteigebahnhof hielten wir den Leuten auch wieder einfach unsere Tickets hin und sie sagten uns dann, wo unser Zug abfährt. Manche waren auch so nett und brachten uns bis zum Bahnsteig. Alle waren wirklich sehr hilfsbereit und freundlich. Wir sind bestimmt fünf- oder sechsmal umgestiegen, bis wir endlich Hamburg erreichten.

Der Zug hielt aber auch in Hamburg-Harburg und wir dachten, das sei schon Hamburg. Also sind wir in Harburg ausgestiegen. Uns war aber auch aufgefallen, dass ein Buchstabe anders war, weshalb wir verunsichert waren. Wir haben viele Leute aus Eritrea gesehen. Die haben wir gefragt, ob wir in Hamburg sind. Sie sagten ja, ihr seid in Hamburg-Harburg. Es dauerte eine Weile, bis wir verstanden hatten, dass Harburg ein Stadtteil von Hamburg ist. Sie meinten zu meinem Begleiter, dass er sowieso zunächst in Harburg bleiben müsse, weil sich dort die zentrale Erstaufnahme für ganz Hamburg befand. Ich wollte aber weiter nach Hamburg, denn mit Mebrahtoms Bruder hatte ich

besprochen, dass mich jemand am Hauptbahnhof abholen und zur Feuerbergstraße
im Stadtteil Fuhlsbüttel bringen würde. In
Hamburg werden unbegleitete minderjährige
Flüchtlinge in der Feuerbergstraße aufgenommen und registriert. Also fragten wir, wie
man zum Hamburger Hauptbahnhof kommt.
Sie sagten, ich könne mit der S-Bahn direkt
zum Hauptbahnhof fahren, unser Ticket sei
dafür auch gültig.

Weder mich noch meinen Begleiter haben
sie aber zu den richtigen Zügen begleitet, was
mich sehr wütend gemacht hat. So viele
fremde Menschen haben uns geholfen, haben
uns die richtigen Züge gezeigt und sogar zum
richtigen Bahnsteig begleitet. Aber unsere
Landsmänner sagten, sie hätten keine Zeit,

dabei wäre die S-Bahn ganz in der Nähe gewesen. Deshalb bin ich weggegangen, ohne mich zu verabschieden.

Eigentlich ist es blöd, wütend zu werden, wenn einem nicht geholfen wird. Ich finde trotzdem, das hätten sie ruhig tun können. Vielleicht waren sie auch schon lange in Deutschland und diese Leute können oft unsere Fluchtgründe nicht akzeptieren. Sie gehen uns deshalb aus dem Weg.

Ich bin dann einfach zum S-Bahnhof gegangen, wusste aber nicht, in welchen Zug ich einsteigen sollte. Da entdeckte ich ein Habescha-Pärchen, die wollten auch zum Hauptbahnhof fahren und sie boten mir an, einfach mitzukommen.

Am Hauptbahnhof habe ich gleich Daniel angerufen. Er ist ein Freund von Major und sollte mich abholen. Mebrahtom konnte nicht kommen, weil er sich noch nicht in Hamburg auskannte. Daniel und ich hatten uns noch nie gesehen. Er sagte, ich solle zum Lampedusa-Zelt[13] kommen und mich dorthin durchfragen, das kenne jeder. Ich beschrieb ihm meine Kleidung und wir blieben solange im Telefonkontakt bis wir uns erkannt haben. Später haben wir auch zusammen in einer Unterkunft gewohnt. Noch heute haben wir Kontakt.

---

[13] Protestzelt Geflüchteter, die für ein Bleiberecht kämpfen

## Feuerbergstraße

Daniel hat mich zur Feuerbergstraße gebracht. Man fährt mit der U-Bahn und hat dann einen kurzen Fußweg. Noch am selben Abend hatte ich mein erstes Interview. Meine Dolmetscherin hieß Mery, die Fragen stellte ein alter Mann. Er fragte mich, durch welche Länder ich gekommen sei und mit welchen Verkehrsmitteln. Auch mein Alter wollte er wissen. Ich sagte wahrheitsgemäß, dass ich 16 bin.

„Du bist nicht 16, sondern 15", sagte er.

Ich bestand aber auf meinem richtigen Alter. Er drohte, mich zum Arzt zu bringen, um mein Alter feststellen zu lassen. Darauf hätte ich es ankommen lassen. Auch Mery nervte, weil sie immer wieder meinte, ich solle 15 sagen, ich sähe ja so jung aus. Aber ich wollte bei der Wahrheit bleiben. Eigentlich ist normalerweise das Problem, dass man für älter gehalten wird, aber für mich wollten sie 15 Jahre eintragen. Irgendwann schrieb der Mann aber doch 16 Jahre auf.

Danach sollte ich einen Schlafplatz finden, aber im Haus war schon alles belegt. Deshalb kam ich in eine Turnhalle. Die war auch schon ziemlich voll, aber es gab noch ein freies Bett für mich. Ich bekam auch ein Lunchpaket mit einem Apfel, das habe ich dann liegend im Bett gegessen. Es gab auch Security, der Mann nervte aber. Immer, wenn jemand gesprochen hatte, machte er das

Licht an und ermahnte zur Ruhe. Ich war völlig fertig und wollte wirklich schlafen. Die leisen Gespräche der anderen hatten mich nicht gestört, aber das helle Licht schon.

Am nächsten Tag duschte ich gleich nach dem Aufstehen. Ich hatte am Abend zuvor eine Tasche mit Waschzeug bekommen und auch ein Handtuch. Danach wollte ich frühstücken und fragte mich zum Frühstücksraum durch. Das Frühstück war total lecker. Überhaupt war das Essen in der Feuerbergstraße richtiger Luxus.

In den ersten Tagen bekamen wir auch neue Kleidung für einen festgelegten Betrag. Die Sachen durften wir in einem bestimmten Geschäft selbst aussuchen. Die Betreuer begleiteten uns und bezahlten.

Nach ein paar Tagen wurde ein Zimmer im Container für mich frei. Die Jungs, die mit mir in der Turnhalle waren, wurden auf andere Einrichtungen verteilt. Ich war im Container allein, bis ich einen Mitbewohner bekam.

Im Containerzimmer gab es für jeden ein Bett und einen Schrank. Auch ein Tisch und zwei Stühle waren da. Die Küche war direkt nebenan, man durfte im Zimmer aber nicht essen. Das Essen war wirklich gut, aber das begriff ich erst später, als ich dieses Essen nicht mehr hatte. Es gab auch einen Fernsehraum mit einem großen Sofa. Mein Mitbewohner stammte aus Somalia, aber es gab auch viele Eritreer in der Feuerbergstraße.

Wir haben oft zusammen Basketball gespielt, in gemischten Mannschaften mit Arabern, Afghanen und anderen Nationalitäten.
Weil ich Arabisch konnte, passte das gut.
Mein Mitbewohner sprach auch Arabisch, so
dass wir uns gut verständigen konnten. Er
war sehr nett, wir haben aber heute keinen
Kontakt mehr. Er hat mir oft sein Handy ge-
liehen, damit ich das Internet nutzen konnte,
denn mein Handy hatte keinen Zugang.

Ich blieb ungefähr zwei Wochen in der Feuerbergstraße. In der Zeit habe ich oft mit Mebrahtom telefoniert. Wir hatten uns natürlich
viel zu erzählen. Er wohnte am anderen Ende
von Hamburg, in einer Unterkunft in der Elb-
gaustraße im Stadtteil Eidelstedt. Wir wollten
uns treffen, aber er wusste überhaupt nicht,

wie er mich erreichten konnte. Zu ihm nach Eidelstedt zu fahren traute ich mich aber auch nicht, weil ich Angst hatte, mich zu verlaufen. Weil wir denselben Telefonanbieter hatten, konnten wir kostenlos telefonieren und das nutzten wir gern. Mebrahtom hatte schon etwas Deutsch gelernt, er brachte mir die Zahlen bis zehn bei. Ich lernte sie schnell, sogar schneller als er.

Zum Hauptbahnhof bin ich später doch gefahren, mit zwei anderen Jungs aus Eritrea, die schon länger in Hamburg lebten. Mebrahtom ist auch zum Hauptbahnhof gefahren und dort haben wir uns zum ersten Mal wiedergesehen. Mebrahtom war sehr, sehr dünn geworden, das hat mich richtig erschreckt. Eigentlich hatte ich ja damit gerechnet, aber weil er schon über zwei Monate in Deutschland war, ging ich davon aus, dass er sich schon ein bisschen erholt hatte. Wir fielen uns in die Arme, umarmten uns immer wieder. Dann erzählten wir uns lange von unseren Erlebnissen während der Flucht. Danach lud Mebrahtom mich auf einen Döner ein. Ich kannte das bisher nicht, fand es aber total lecker. Ich dachte zuerst, Döner sei ein deutsches Essen.

Am Hauptbahnhof konnte man sich gut die Leute angucken. Es gab viele Habescha, andere Afrikaner und natürlich viele Weiße. Die sahen für mich alle gleich aus und ich dachte, das seien alles Deutsche. Erst später erkannte ich, dass auch viele davon Araber und Perser waren.

In der Nähe vom Hauptbahnhof, am Hansaplatz, gab es eine Art Treffpunkt für Flüchtlinge. Viele Betrunkene waren dort, der Ort stank ziemlich. Andere Eritreer, die schon länger in Hamburg waren, hatten uns auch gefragt, was wir dort wollten, das sei kein guter Platz. Wir sagten, dass wir neu sind und einfach gucken wollten. Irgendwie fühlte ich mich aber am Hansaplatz nicht wohl. Ich wollte jedes Mal schnell wieder nach Hause und meine Begleiter auch.

Einmal war ich im Kino, es gab einen 3D-Film mit Spezialbrille. Das war mir oft zu intensiv, so dass ich die Brille immer wieder absetzen musste.

Jeden Donnerstag bekamen wir 14 Euro Taschengeld. Davon habe ich mir Handyguthaben gekauft.

## Ankunft in der EVE Hammer Straße

Nach zwei Wochen mussten wir umziehen. Wir waren zehn Jungs aus Eritrea und kamen gemeinsam in die Erstversorgungseinrichtung (EVE) für unbegleitete minderjährige Flüchtlinge in der Hammer Straße. EVEn sind als kurzfristige Unterbringung geplant, bevor wir in Jugendwohnungen kommen, wo die Betreuer mehr Zeit für uns haben. Bei uns wohnten nur Jungs, sie kamen aus Syrien, Ägypten, Afghanistan, Somalia und Eritrea. Die Mädchen waren in anderen und vor allem kleineren EVEn untergebracht. Ein Dolmetscher hat uns in Empfang genommen. Wir wurden registriert und fotografiert.

Wir Eritreer bekamen zusammen ein Zimmer. Es war ein großer Raum mit fünf Doppelstockbetten, für jeden gab es einen Spind. Die Tische und Stühle waren nur zum Lernen gedacht, gegessen werden durfte wieder nur in der Küche. Die Tische waren aber zu hoch für die Stühle, so dass man daran nicht gut lernen konnte. Also lernten wir meistens im Bett.

Es gab rund um die Uhr Betreuer, wir konnten sie alles fragen. Auch Dolmetscher waren Tag und Nacht da. Manche Betreuer konnten sogar Arabisch sprechen, aber Tigrinya konnte niemand von ihnen. Am Ausgang standen Männer vom Securitydienst immer bereit, damit sie im Fall eines Streits schnell eingreifen konnten.

Es gab oft Streit zwischen den verschiedenen Nationalitäten, und zwar immer wegen des Essens. Nicht aus religiösen Gründen, sondern weil manche vordrängelten und ihre Freunde mit in die Schlange ließen. Es kam auch vor, dass Dolmetscher ihre Landsleute bevorzugten und das sorgte ebenfalls für Streit. Dann wurde es schnell laut und die Stimmung wurde aggressiv, auch Stühle oder Geschirr wurden geworfen oder ein Tisch mit Essen flog um. Alle waren sehr angespannt.

Das Leben zu zehnt in einem Zimmer war für uns alle nicht einfach. Man hatte keine Privatsphäre und nie Ruhe. Deshalb war man schnell genervt und manchmal reichte eine Kleinigkeit, um auszurasten.

Die Betreuer waren aber sehr nett zu uns. Sie hatten Verständnis für unsere Situation, an der sie aber nichts ändern konnten. In diesen Monaten kamen sehr, sehr viele Flüchtlinge nach Deutschland und es war überall viel zu voll.

Einmal gerieten Eritreer und Afghanen aneinander. Es waren ungefähr 70 Afghanen und 20 Eritreer. Es ging wieder ums Essen. Der Streit begann unter ein paar Jungs in der Küche. Die Jungs holten sich jeweils Verstärkung aus den Zimmern und es kam zu einer Schlägerei auf dem Flur, Afghanen gegen Eritreer. Es waren nur zwei Security-Männer da, die stellten sich zwischen uns und die Afghanen, aber sie konnten sie nicht aufhalten, es waren einfach zu viele. Irgendwann schafften es Betreuer, Dolmetscher und Security, die Schlägerei zu beenden. Einige Jungs stritten noch weiter, aber die meisten, ich auch, waren inzwischen in unsere Zimmer gegangen. Dann traf auch die Polizei ein und auch ein Krankenwagen für die Verletzten.

Wenn die Schlägerei in der Küche stattgefunden hätte, wären bestimmt viel schlimmere Dinge passiert. Im Flur konnten wir nur unsere Hände zum Schlagen benutzen. Die Polizisten kamen auch in unser Zimmer, aber sie sagten nichts. Diejenigen, die den Streit angefangen hatten, wurden festgenommen und abgeführt.

Mittlerweile habe ich erkannt, wie dumm das alles war. Einer der afghanischen Jungs ist später mein Freund geworden. Wir können nicht mehr verstehen, wie es anfangs so weit kommen konnte.

In den libyschen Lagern lebten wir unter viel extremeren Bedingungen, aber dort gab es keine Schlägereien. Dort musste man um sein Leben fürchten, wenn man irgendwie auffällig geworden wäre. In Deutschland tötet einen ja niemand. Trotzdem kam manchmal eine Erinnerung aus den Lagern oder überhaupt von meiner Flucht hoch, dabei wollte ich das alles vergessen. Das belastete mich.

Dann wurde ich sehr wütend und tat Dinge, die ich eigentlich nicht tun wollte. Kurze Zeit später machte ich mir dann Vorwürfe, wie ich sowas tun konnte. Das ging sicher vielen Geflüchteten so.

Ich musste auch oft an meine Familie und besonders an meine Mutter denken. Ich war vorher noch nie von ihr getrennt und vermisste sie sehr. Das machte mich sehr traurig. Ich fühlte mich dann wie in einer anderen Welt.

## Erster Deutschunterricht und Alltag in der EVE

Kaum in der Hammer Straße angekommen, bemühten sich die Dolmetscher darum, dass wir Deutsch lernen sollten. Sie brachten uns erste Worte bei und waren überhaupt sehr nett. Sie waren immer bereit, uns zu helfen. Alle wollten zwar gern die Sprache lernen, aber für manche war es sehr schwer. Ich hatte viel Lust darauf und bin immer hingegangen.

Der Deutschkurs fand für alle Bewohner in der Küche statt, dort gab es eine Tafel. Unser Dolmetscher für Tigrinya hieß Samsom, er konnte Tigrinya zwar verstehen, aber nicht so gut sprechen, weil er in Deutschland aufgewachsen ist. Mit ihm schrieben wir deutsche Wörter und die Übersetzung auf Tigrinya daneben. Wir hatten kleine Übungsbücher auf Tigrinya, Englisch und auf Deutsch.

Ich habe schnell angefangen, mit den Betreuern und den Security-Männern auf Deutsch zu sprechen, obwohl ich die Sprache noch kaum konnte und meine Aussprache schlecht war. Die Dolmetscher haben mich aber immer ermutigt, denn man muss sprechen, damit man die Unsicherheit verliert. Deutsch war auch die einzige gemeinsame Sprache in der Einrichtung, weil wir aus unterschiedlichen Ländern kamen. Untereinander klappte das gut und wir verstanden uns gegenseitig, wir konnten ja alle noch nicht gut Deutsch. Außerhalb der EVE traute ich mich aber zunächst nicht, mit den Hamburgern deutsch zu sprechen. Später machte ich aber die Erfahrung, dass die Deutschen uns gar nicht auslachten, wenn wir fehlerhaft sprachen. Das half sehr, die anfängliche Unsicherheit zu überwinden.

Nach und nach erhielten wir Briefe mit den Einladungen zum externen Deutschkurs. Da waren wir schon ungefähr zwei Monate in der Hammer Straße. Mein Kurs war ganz in der Nähe, zu Fuß erreichbar und ein Unterrichtstag dauerte zwei bis drei Stunden. Wir waren in der Klasse 7 bis 10 Jugendliche aus unterschiedlichen Einrichtungen. Manche konnten schon viel besser Deutsch als ich. Die Lehrer meinten, ich sei trotzdem in der Klasse gut aufgehoben, aber ich wechselte in eine, in der die Schüler noch nicht so gut deutsch sprachen. Dort machte ich aber gute Fortschritte und kam wieder in eine Klasse mit höherem Niveau. In dieser Klasse lernte ich auch Sohiel kennen, der mein Freund wurde. Mit ihm übte ich viel zusammen. Er kam auch aus der Hammer Straße und wir gingen immer gemeinsam zum Deutschkurs. Später wurden wir auch auf dieselbe Berufsschule geschickt, in die wir zwei Jahre lang gingen, bis zum Schulabschluss.

Der Deutschkurs dauerte drei Monate und danach wurden wir auf verschiedene berufliche Schulen verteilt. Dort gab es besondere Klassen für Geflüchtete, in denen man

Deutsch lernen und Praktika in verschiedenen Betrieben machen konnte. Das nannte sich Ausbildungsvorbereitungsklasse für Migranten (AVM-Dual). Am Ende stand nach zwei oder drei Jahren der Schulabschluss, entweder ESA (Hauptschulabschluss) oder MSA (mittlere Reife).

In unserer Freizeit spielten wir oft Fußball auf einem Bolzplatz, der zwar zu unserem Gelände gehörte, aber anfangs abgeschlossen war. Wir kletterten über das wirklich hohe Gitter, um zu spielen. Später schlossen die Betreuer den Platz auf, denn das Klettern war viel zu gefährlich und deshalb verboten. Wir spielten mit Afghanen, Somali, Arabern, mal in gemischten und auch mal in nach Nationalitäten getrennten Mannschaften.

Manchmal gingen wir Eritreer zusammen zum Schwimmen. Es war ein kleiner See und wir mussten mit der S-Bahn dorthin fahren. Eine Betreuerin hat uns begleitet. Am See waren auch sehr kleine Kinder und ich hatte mich sehr gewundert, dass die mit ins Wasser durften. Die Kinder hatten aber viel Spaß und wir auch.

Um in der Stadt mobil zu sein, konnten wir uns bei der Security immer eine Tageskarte holen. Wir wollten zu viert los, aber das Security-Büro war nicht besetzt. So gingen wir ohne Karte los und nur zwei von uns hatten eine Fahrkarte. Wir stiegen in die S-Bahn und wollten zum Hauptbahnhof. Nach einer

Station kamen Kontrolleure und wollten die Fahrkarten sehen. Wir verstanden zuerst nicht, was sie von uns wollten. Als wir es kapiert hatten, mussten die beiden ohne Fahrkarte aussteigen. Ich war einer davon. Wir konnten uns nicht gut mit den Kontrolleuren verständigen. Sie riefen die Polizei, die sehr schnell kam. Wir bekamen einen Riesenschreck, denn mit Polizei hatten wir früher schlechte Erfahrungen gemacht.

Sie nahmen uns per Auto mit zur Wache, dort mussten wir unseren Namen in einen Computer eingeben. Mein Freund wurde gefunden und durfte gehen, aber ich nicht, weil ich noch nicht registriert war. Ich wurde in eine Zelle eingeschlossen und hatte große Angst, weil ich nicht wusste, was mit mir passieren würde. Mein Freund wartete vor der Zelle und gab den Polizisten die Telefonnummer unserer Betreuer. Die erklärten den Polizisten, dass ich in der EVE wohne. Sie konnten sie irgendwie von meiner Identität und meinem legalen Aufenthalt überzeugen.

Dann wurde ich freigelassen und wir gingen zusammen zur U-Bahn. Es blieb uns nichts anderes übrig, als wieder ohne Fahrkarte zu fahren. Wir hatten zwar Geld, aber wir wussten überhaupt nicht, wie man eine Fahrkarte kauft. Zum Glück kamen aber keine Kontrolleure. Die Strafe für das Schwarzfahren mussten wir in Raten abbezahlen und meine Betreuerin Yodit war so nett, mir 20 € dazuzugeben.

Im Herbst gab es Winterkleidung für alle: Jacken, Schals, Handschuhe, Mützen, Socken und Schuhe. Für die Ausgabe sollten wir uns in eine Reihe stellen. Das dauerte ganz schön lange und ich ging ein paar Mal wieder weg. Schließlich war ich als einer der letzten an der Reihe. Schals und Mützen waren für alle gleich und einheitlich schwarz, Jacken gab es zwar unterschiedliche, aber wir konnten nicht auswählen.

Die Schuhe waren auch für alle gleich, die sollten wir aber wegen der Größe anprobieren. Dann entdeckten ein paar der eritreischen Jungs, dass im Profil der Schuhsohlen Kreuze waren. Das ging natürlich gar nicht, denn auf ein Kreuz darf man nicht drauftreten. Man läuft damit ja über alles Mögliche. Wir waren wirklich schockiert und es kam für uns nicht infrage, die Schuhe zu tragen. Einige Jungs haben sie sofort zurückgegeben.

Ich habe meine Schuhe zwar behalten, aber nicht getragen. Ich wollte keinen Ärger machen, obwohl es mich schon wütend gemacht hat, dass wir auf die Kreuze treten sollten. Es verletzte uns in unserem Glauben.

Die Betreuer haben versucht uns zu erklären, dass das gar kein kirchliches Kreuz darstellen soll, sondern einfach ein Muster in der Schuhsohle, damit man nicht ausrutscht, aber wir ließen uns nicht überzeugen. Keiner wollte die Schuhe haben. Manche Jungs versuchten, die Kreuze mit dem Messer abzuschneiden. Andere posteten Fotos davon auf Facebook und es entfachte sich eine kontroverse Diskussion.

Erst im nächsten Winter habe ich die Schuhe getragen. Ich habe mir gedacht, dass das mit den Kreuzen nicht so gemeint ist und es doch nur Schuhe sind. Sie halten warm und man rutscht nicht aus und meinen Glauben habe ich im Herzen, nicht auf der Schuhsohle.

Eines Tages kam Yodit zu mir und sagte, es gäbe für mich Leute, die mir helfen wollen. Ich wusste überhaupt nicht, was das für Leute waren und wer die geschickt hatte. Ich willigte aber ein und dachte mir, dass ich dann wohl Hilfe benötigte. Ich hatte noch keine Vorstellung davon, wie diese Hilfe aussehen könnte. Es gab ein erstes Treffen in der EVE und Yodit war dabei zum Übersetzen, wo es nötig war. Meine Helferinnen waren zwei Frauen, Mutter Linda und Tochter Magdalena. Die waren sehr nett. Für das nächste Treffen verabredeten wir uns in der Innenstadt. Dort hatten wir keine Übersetzerin, aber wir konnten uns ganz gut verständigen. Ich freute mich jetzt über meinen Kontakt zu Deutschen, mit denen ich auch Gelegenheit hatte, die Sprache zu üben. Die Tochter, Magdalena, wurde später mein Vormund und vertrat mich in allen rechtlichen Angelegenheiten.

Noch bevor es richtig losging mit der Schule, zogen wir um in eine andere EVE. Darauf hatten wir lange gewartet, denn die Hammer Straße war nur eine Durchgangsstation. Andere, die nach uns gekommen waren, sind schon längst in andere Einrichtungen umgezogen und nun war es auch für uns Eritreer so weit. Die Chefs der neu eröffneten EVE in der Kielkoppelstraße kamen in unser Zimmer und sagten, dass wir in ein paar Tagen umziehen könnten. Darüber freuten wir uns sehr.

## EVE Kielkoppelstraße

Wir wurden mit Autos abgeholt, viel Gepäck hatten wir ja nicht, nur Kleidung. Im neuen Zimmer waren wir zu viert. Mein Cousin Mebrahtom, Henok aus meinem Deutschkurs und ich hatten uns abgesprochen, dass wir zusammenbleiben wollten. Dann kam noch ein anderer Jugendlicher namens Henok dazu, der mit uns ins Zimmer wollte.

Das Gebäude war eine ehemalige Schule und unser Zimmer ein halbiertes Klassenzimmer. Darin standen zwei Doppelstockbetten, für jeden ein schmaler Spind, zwei Kühlschränke und ein Tisch mit vier Stühlen. Jeder bekam eine Grundausstattung mit Besteck, Geschirr, Handtüchern. Die Bettwäsche wurde von der Einrichtung zur Verfügung gestellt und zentral gewaschen.

Im Haus wohnten insgesamt 80 Jugendliche auf zwei Etagen. Es gab vier Küchen und vier Bäder, im Keller befand sich der Waschraum und ein Kickerraum. In jeder Etage gab es auch ein Betreuerbüro und am Ausgang war Tag und Nacht Security. Unsere Küche war noch nicht fertig, deshalb bekamen wir in den ersten Wochen immer das Essen geliefert. Als wir endlich selbst kochen durften, erhielten wir jede Woche 52 €, um davon unsere Lebensmittel einkaufen zu können. Das reichte gut aus, weil wir zu viert einkauften und kochten. Es blieb sogar Geld übrig für Kleidung oder Handyguthaben. Kleidung

kauften wir ansonsten mit den Betreuern zusammen. Dafür gab es ein extra Budget und
bestimmte Geschäfte, in denen wir uns etwas
aussuchen konnten.

Ich konnte überhaupt nicht kochen. Bisher
musste ich das nie und es fiel mir am Anfang
schwer. Besonders das Zwiebelschneiden
nervte mich, weil meine Augen sofort tränten.
Wir kochten immer einfache Sachen, typisch
eritreisch eher selten, denn das ist sehr auf-
wendig und viele der Zutaten gibt es nicht in
Deutschland. Meine drei Mitbewohner konnten kochen und so konnte ich es beim Helfen
langsam lernen. Meine Mithilfe bestand
überwiegend aus Einkaufen oder Geschirr-
spülen.

Das Einkaufen war schwer. Ich konnte oft
die Sachen, die wir brauchten, nicht finden
und traute mich nicht zu fragen. Als ich angesprochen wurde, traute ich mich kaum zu
antworten.

Nach wenigen Tagen in der neuen Schule
machten wir einen Einstufungstest und wurden dann nochmal neu in verschiedene Klassen eingeteilt. Zu Beginn hatten wir nur
Deutsch gehabt, etwa einen Monat lang. Danach kamen Englisch, Mathe, Betriebliches
Lernen, Deutschlandkunde, Computerkurs,
Sport und die Mentorenstunde dazu. Wir waren alle sehr motiviert und wollten am

liebsten immer nur Deutsch lernen, denn das war die Grundlage für alles andere.

Meine Klasse war für den MSA vorgesehen und es war ein tolles Ziel, innerhalb von zwei Jahren diesen Abschluss zu erreichen. Dann kam eine neue Schulleiterin und die meinte, wir würden den MSA nicht schaffen. Wir hätten dafür noch ein Jahr länger zur Schule gehen sollen, deshalb entschied ich mich für den ESA. Wenn ich eine Ausbildung mache, dann habe ich mit einem erfolgreichen Abschluss nach drei Jahren auch den MSA und so mit einem Weg beide Ziele erreicht.

Mit Asmir telefonierte ich oft und von ihr erfuhr ich, wie es Robel geht, dass er auch in Libyen gewesen war und das Mittelmeer überlebt hat. Darüber war ich sehr glücklich, denn genau in dieser Zeit hörte ich immer wieder, dass Boote mit vielen Flüchtlingen gesunken waren. Danach war der Kontakt abgebrochen. Etwa zwei Wochen später war Robel plötzlich an meinem Telefon. Er hatte meine Nummer von Asmir bekommen und war tatsächlich in Hamburg angekommen. Dabei war es reiner Zufall, dass er überhaupt nach Hamburg gekommen ist, aber nun war er in Harburg in der Erstaufnahme. Wir sind gleich dorthin gefahren. Ich habe schon von weitem vor lauter Freude lachen müssen und er auch. Wir umarmten uns. Es war ein unbeschreibliches Gefühl, ihn wieder bei mir zu haben. Mein Cousin war wieder bei mir und auch mein bester Freund. Ich habe nie damit gerechnet, dass ich jemals wieder mit beiden zusammen sein könnte.

Am nächsten Tag bin ich gleich wieder zu Robel gefahren. Weil er kaum Kleidung hatte, brachte ich ihm etwas von meinen Sachen mit. Leider durfte Robel mich nicht in der EVE besuchen. Dort war Besuch grundsätzlich nicht erlaubt. Seitdem haben wir nie wieder den Kontakt verloren und das wird auch nicht mehr passieren.

## Schlägereien in der EVE

Heiligabend habe ich bei der Familie meines Vormunds Magdalena verbracht. Wir wollten zusammen in die Kirche gehen, aber es gab keine Plätze mehr und so sind wir wieder nach Hause gegangen. Bei uns würde man das nicht machen. Wenn die Kirche voll ist, dann betet man auch draußen; es spielt keine Rolle, ob man drin ist oder draußen.

Wir haben bei Linda lecker gegessen und sie hat für uns die Weihnachtsgeschichte aus der Bibel gelesen. Danach haben wir Geschenke ausgepackt. Ich hatte leider kein Geschenk für Linda und Magda, denn in Eritrea ist das nicht üblich. Aber sie haben mir einen DVD-Spieler mit kleinem Display geschenkt, worüber ich mich sehr gefreut habe. Es war ein sehr schönes Fest mit dieser Familie, mein erstes Weihnachtsfest in Deutschland.

Als ich spät in der Nacht zurück in die EVE kam, erfuhr ich, dass es einen schlimmen Streit gegeben hatte. Es gab ein gemeinsames Essen für alle. Die Jungs kochten jeweils in ihren Küchen und brachten das Essen dann zum Buffet. Die muslimischen Jungs sprachen ein Gebet über dem Essen und damit war es für einige der christlichen Jungs nicht mehr genießbar. In meiner Heimatstadt gab es Fleisch, das von Muslimen verkauft wurde, das haben wir nicht gegessen. Bei anderen Speisen war es egal, aber bei Fleisch ist es wichtig, dass wir unsere eigenen Gebete beim Schlachten sprechen, so waren wir erzogen.

Weihnachten ist ein christlicher Feiertag und nun hatten die Muslime unser Essen und unseren Feiertag missachtet. Die christlichen Jungs sind einfach davon ausgegangen, dass es böse gemeint sein muss. Sie waren durch die Erlebnisse während der Flucht ohnehin nicht gut zu sprechen auf Muslime und haben sich entsprechend provoziert gefühlt.

Natürlich sind nicht alle Muslime gleich, es gibt auch viele sehr nette. In Eritrea sind Christen und Muslime zusammen problemlos aufgewachsen. Aber im Sudan und besonders in Libyen haben wir Christen sehr schlimme Erfahrungen mit Muslimen gemacht. Nachdem man das alles erlebt hat, ist man empfindlicher.

Jedenfalls kam es zu einer Schlägerei mit Verletzten und anschließendem Polizeieinsatz. Zum Glück habe ich das alles nicht miterlebt, sondern kam erst dazu, als die Polizei wieder weg war. Ich kam ganz entspannt an und begrüßte die Araber an der Tür freundlich, die mich auch zurückgrüßten. Dann sah ich das kaputte Geschirr und erfuhr, was geschehen war.

Wenn ich dabei gewesen wäre, hätte ich mich auf die Schlägerei nicht eingelassen. Natürlich war das mit dem Gebet für mich nicht okay, aber ich bin mit Muslimen aufgewachsen und wäre mit der Situation klargekommen. Ich hätte mein eigenes Gebet gesprochen und gegessen. Ich habe früher auch oft „alhamd lilah" gesagt, was auf Arabisch „Gott sei Dank" heißt oder bei uns „temesgen fetari". Das sagt man u. a. nach dem Essen, und zwar Muslime und Christen. Bei mir zuhause wird neben Tigrinya auch Arabisch gesprochen, und wenn man zusammen aufwächst, dann sagt man das als Kind schon. Aber wenn man dann schlimme Dinge erlebt hat, grenzt man sich innerlich ab und dann bewertet man so etwas anders.

Ein halbes Jahr später kam es wieder zu einer Schlägerei bei uns in der EVE. Diese Schlägerei hatte aber weniger mit Glaubensunterschieden und schon gar nichts mit Essen zu tun. Es begann im Fernsehraum. Ein Junge hatte es darauf angelegt, die anderen zu provozieren und das war ihm auch gut gelungen. Ich verließ aber das Zimmer, weil ich keine Lust auf Streit hatte. Ich wollte einfach keinen Ärger. Kurz darauf eskalierte es und es flogen Geschirr, Stühle und alles, was man zum Schlagen und Werfen benutzen konnte. Ich war währenddessen in meinem Zimmer und habe aufgeräumt. Ab und zu ging ich auch mal hinaus und guckte, was los war, war aber am Streit völlig unbeteiligt. Ich wäre aber lieber dabei gewesen und ich erkläre auch, warum.

Als die Polizei kam, musste ich mich mit den anderen Jungs in eine Reihe stellen und durchsuchen lassen. Ich wurde angeschrien und wie ein Verbrecher behandelt. Die Dolmetscherin und die Betreuer hatten alles gesehen, haben aber der Polizei nicht gesagt, dass ich nicht mitgemacht habe. Dann hätte ich auch meinen Landsleuten helfen können, denn sie waren deutlich in der Unterzahl. Wenn man in sowas einfach reingezogen wird, ohne dass man beteiligt war, dann hätte man auch gleich mitmachen können. Meine Zurückhaltung hat mir also überhaupt nichts genutzt. Ich war ziemlich sauer deswegen.

Als die Polizei wieder weg war, warf ich dem einen Betreuer noch vor, dass er den Polizisten nichts gesagt hatte. Er äußerte sich dazu aber nicht. Er meinte, er habe nicht bemerkt, dass ich nicht dabei war. Dabei sah ich ihn, als er versuchte, den Streit zu schlichten. Das hat mich schon sehr getroffen.

## Jugendwohnung und Krankenhaus

Ein paar Wochen später fand ich mit Hilfe einer Betreuerin endlich eine Jugendwohnung. Alle wollten aus der großen EVE ausziehen und in einer Jugendwohnung leben. Diese Wohnungen sind knapp in Hamburg und man brauchte viel Glück, um eine zu finden. Ich teilte mir eine Zweizimmerwohnung mit einem Jungen aus Ägypten, aber der war so gut wie nie da. So wohnte ich fast allein und hatte ein eigenes Zimmer, Küche und Bad. Betreuer gab es auch, aber nur tagsüber, nachts hatten wir einen Security-Mann. In der Wohnung fühlte ich mich sehr wohl. Es gab in dem Haus mehrere Jugendwohnungen und einige der Bewohner kannte ich schon von früher, einer davon war schon seit der Hammer Straße mein Freund.

Eines Tages kam ich hungrig vom Sport nach Hause und bekam nach dem Essen plötzlich starke Bauchschmerzen. Ich konnte nicht mehr aufstehen und dachte, es läge am Essen. Aber die Schmerzen wurden immer schlimmer und ich musste mich ganz oft erbrechen. Ich holte mir einen Eimer, schaffte es aber nicht mehr zurück zum Bett. Also blieb ich auf dem Boden liegen, lehnte mich an die Wand und konnte nicht aufhören zu spucken. Ich konnte überhaupt nicht begreifen, wie man plötzlich so schlimm krank werden konnte.

Ich kroch zur Tür und bat den Security-Mann, der im Treppenhaus Wache hielt, um Hilfe. Ich sagte ihm, er solle einen Krankenwagen rufen. Er meinte nur, ich solle zu Fuß zur Notarztpraxis gehen. Ich konnte aber nicht mehr laufen und sagte ihm das auch. Er erwiderte, dass ich ja auch zur Wohnungstür gekommen sei und also auch zum Arzt gehen könne. Ich hatte keine Kraft mehr, mit ihm zu diskutieren und war sehr verzweifelt. Ich wusste überhaupt nicht, was ich machen sollte. Mit letzter Kraft kroch ich zu meinem Bett, wo mein Handy lag. Dann rief ich Ulla an.

Ulla war der Vormund meines ehemaligen Zimmergenossen Henok. Wir hatten uns in der EVE Kielkoppelstraße öfter gesehen. Seit ich in der Jugendwohnung lebte, besuchten wir uns auch gegenseitig, denn Ulla wohnte ganz in der Nähe.

Zum Glück war Ulla noch wach. Sie hörte sich alles an und ließ sich von mir den Security-Mann ans Telefon geben und erklärte ihm, dass sie einen Notarzt rufen werde, den er hereinlassen müsse. Irgendwie hatte der Security-Mann danach den Ernst der Lage begriffen. Jedenfalls rief er kurze Zeit später einen Rettungswagen, weil der Notarzt nicht so schnell kommen konnte.

Mein Zustand hatte sich inzwischen dramatisch verschlechtert. Mit dem Rettungswagen wurde ich ins Krankenhaus gebracht. Ich hatte eine Blinddarmentzündung und sollte am nächsten Morgen operiert werden. Damit hatte ich gar nicht gerechnet. Ich kannte niemanden, der operiert wurde und konnte nicht abschätzen, was mit mir geschehen würde. Sie sagten, dass die Operation nötig sei, denn sonst würde ich sterben. Ich musste an meine Eltern denken, besonders an meine Mutter, die mich immer versorgt hatte, wenn ich krank war. Das hat mich sehr berührt. Ich hatte keine Angst zu sterben, aber ich entschied mich für die Operation. Ich wollte leben für meine Eltern und meine Familie. Erzählt habe ich ihnen aber bis heute nichts davon. Es würde sie zu sehr belasten.

Ich bekam Schmerzmittel und konnte etwas schlafen. Am Morgen wurde ich in den Operationssaal gefahren. Die Ärzte und Pfleger waren freundlich zu mir. Dann bekam ich eine Spritze und bin sofort eingeschlafen wie ein Toter. Erst im Krankenzimmer wachte ich wieder auf, als schon alles vorbei war. Ich wunderte mich, dass ich nichts mitbekommen hatte und war sehr dankbar, das überstanden zu haben. Erst später merkte ich, dass Ulla da war. Ich schlief immer wieder ein, denn ich war total müde, obwohl ich schon so viel geschlafen hatte.

Auf meinem steinharten Bauch hatte ich einen weißen Verband. Ich hatte auch Schmerzen, aber nur, wenn ich mich bewegte. Essen durfte ich zunächst nichts. Ich bekam eine Nährlösung durch die Vene. Ich war sehr erleichtert, weil Ulla da war und später auch meine Freunde kamen. Es tut gut, nicht alleine zu sein, wenn man krank ist. Ich hätte mir gewünscht, dass auch die Betreuer mal nach mir schauen, aber nur einmal kam jemand vorbei.

Nach ein paar Tagen ging es mir schon viel besser. Obwohl die Ärzte mir rieten, noch im Krankenhaus zu bleiben, wollte ich nach Hause. Eine Betreuerin holte mich ab, Robel war auch dabei. Am nächsten Tag stellte sich heraus, dass es doch nicht so schlau war, das Krankenhaus vorzeitig zu verlassen. Mit meiner Wunde war etwas nicht in Ordnung. Sie blutete immer wieder und ich bekam erneut Schmerzen. Robel war aber da und kümmerte sich um mich. Er kaufte ein, kochte, erledigte den Haushalt und wechselte meinen Verband. Am nächsten Tag hielt ich es nicht mehr aus. Die Schmerzen waren schlimmer geworden und die Wunde nässte. Ich rief wieder bei Ulla an, die bei der Arbeit war. Ulla vermutete, dass sich die Wunde infiziert hatte und rief sofort den Rettungswagen.

Ich kam schon wieder ins Krankenhaus. Dort wurde ich kurz untersucht und auf die Station verlegt, wo man mein Bett wegen Überfüllung auf den Flur gestellt hatte. Am Nachmittag kam Ulla vorbei und sorgte dafür, dass ich endlich ein Schmerzmittel bekam und etwas zu trinken. Schließlich wurde auch ein Platz in einem Zimmer frei. Eigentlich sollte längst ein Arzt dagewesen sein, aber es war offenbar einfach zu viel zu tun. Mein Verband und auch mein T-Shirt waren inzwischen auch durchnässt. Erst als Ulla um Verbandsmaterial bat, kamen zwei Pfleger und versorgten meine Wunde. Zum Glück musste ich nicht noch einmal operiert werden. Die Wunde musste aber mehrmals täglich gespült werden, was sehr schmerzhaft war.

Später bekam ich Besuch von Robel und Mebrahtom, aber es gab Verständigungsprobleme mit der Stationsschwester. Sie war sowieso schon gestresst. Meine Freunde und die Krankenschwester gerieten aneinander. Robel und Mebrahtom kamen ziemlich genervt bei mir an, aber ich konnte sie beruhigen.

Ich blieb diesmal zwei Wochen im Krankenhaus. Mein Zimmernachbar schnarchte die ganze Zeit und ich rief mehrmals den Pfleger, weil ich nicht schlafen konnte. Der weckte den Mann, aber der schnarchte gleich wieder weiter. Der Pfleger brachte mir Ohrenstöpsel, aber auch die halfen nicht wirklich. Jedenfalls war ich total froh, als ich wieder nach Hause durfte. Ulla holte mich ab und wir kauften noch zusammen ein paar Lebensmittel, damit ich für die ersten Tage versorgt war.

## Anhörung und Klage

Kurz bevor wir meine Wohnung erreichten, erhielt ich eine SMS von meinem Vormund Magdalena, dass ich endlich einen Termin für meine Anhörung bekommen habe. Ich freute mich richtig, denn so war ein Abschluss meines Asylverfahrens und damit ein Aufenthaltstitel in Sicht. Alle anderen Jungs hatten schon ihre Anhörung und waren als Flüchtlinge anerkannt, nur meine stand aus unerklärlichen Gründen noch aus.

Eigentlich kommt der Vormund mit zur Anhörung, aber Magdalena war zu diesem Termin verreist. So kam es, dass Ulla mich dorthin begleitete. Wir übten auch vorher zusammen das Interview, damit ich wusste, was auf mich zukommt. Die Anhörung selbst war eigentlich nicht unangenehm. Der Entscheider war nicht freundlich, aber auch nicht unfreundlich. Der Dolmetscher erledigte seinen Job, wie es sein sollte. Ich konnte auf alle Fragen antworten und hatte eigentlich kein schlechtes Gefühl danach. Umso enttäuschter war ich, als ein paar Wochen später die Entscheidung kam: Ich hatte nur subsidiären Schutz aus humanitären Gründen bekommen und damit eine Aufenthaltserlaubnis für ein Jahr. Gerechnet hatten wir mit der Anerkennung der Flüchtlingseigenschaft nach der Genfer Konvention, das bedeutet eine dreijährige Aufenthaltserlaubnis. Mir war das auch wegen der

Ausbildungsplatzsuche wichtig, denn mit der nur einjährigen Aufenthaltserlaubnis bekommt man schlechter einen Ausbildungsvertrag.

Ulla schlug vor, gegen die Entscheidung vor dem Verwaltungsgericht zu klagen. Solche Klagen wurden zu dem Zeitpunkt öfter erhoben, weil das Bundesamt für Migration bei der Entscheidung viele Fehler machte. Die Erfolgsaussichten waren bei meiner Vorgeschichte gut. Ulla fand eine auf Eritrea spezialisierte Anwältin, die mehrere solcher Klagen durchführte. Ich musste kein Geld bezahlen, und weil die Aktenlage eindeutig war, wurde ohne Prozess entschieden. Ein paar Monate später hatte ich tatsächlich meine Anerkennung als Flüchtling bekommen und damit eine dreijährige Aufenthaltserlaubnis.

## Das Buch

An einem Frühlingstag brachte meine Lehrerin kleine Bücher mit, die jugendliche Migranten an einer anderen Schule im Unterricht geschrieben hatten. Darin berichteten die Schüler, wie ihr Leben in Deutschland ist, was sie daran komisch finden und wie sie in ihren Ländern gelebt haben. Jeder Schüler in meiner Klasse bekam eins der Bücher und wir lasen sie im Unterricht durch. Nach der Stunde fragte ich einen Mitschüler, ob er nicht auch Lust hat, zusammen mit mir unsere Geschichten aufzuschreiben. Er sagte sofort Ja. Wir unterhielten uns noch eine Weile darüber, aber danach geriet das Buchprojekt in Vergessenheit.

Ein paar Wochen später hat er mich nochmal darauf angesprochen und ich hätte am liebsten sofort anfangen. Er wollte aber noch ein paar Tage darüber nachdenken. Letztlich sagte er aber doch ab. Da beschloss ich, es allein zu versuchen. Ich wollte, dass die Leute erfahren, was ich während meiner Flucht erlebt habe. Es tut gut, seine Geschichte mit anderen zu teilen. Andere können daraus auch etwas lernen. Ich wollte meine Erlebnisse verarbeiten, ich wollte mich davon befreien. Meine Motivation war riesig und ich dachte überhaupt nicht daran, dass ich das nicht schaffen könnte.

Dann erzählte ich meiner Deutschlehrerin von meinem Plan, ein Buch zu schreiben.

Sie fand die Idee sehr gut und fragte gleich: „Mit wem wollen Sie zusammen schreiben?"

Sie schätzte das Projekt sehr realistisch ein, denn ich war gerade mal zwei Jahre in Deutschland, da konnte ich so ein Buch gar nicht alleine schreiben. Ich antwortete aber, dass ich es allein versuchen will.

Nach einigen Tagen sagte sie zu mir: „Ich kenne jemanden, der eine Galerie hat, dort können Sie eine Lesung halten."

Ich wusste gar nicht, was eine Lesung ist, sagte aber gleich zu.

Später habe ich gegoogelt, was „Lesung" bedeutet und dachte mir: „Jetzt wird es ernst!" Und es wurde wirklich ernst. Am Anfang war es eigentlich eher eine verrückte Idee. Ein Buch zu schreiben ist ja nicht einfach. Für mich ist es eigentlich richtig schwer.

Wenig später hatte die Lehrerin schon einen Termin für die Lesung, der sollte schon vier Wochen später sein. Zu diesem Zeitpunkt hatte ich noch nicht viel geschrieben, nur ein paar Stichworte. Ich hatte zuerst versucht, auf Deutsch zu schreiben, aber das ging gar nicht. Dann habe ich es auf Tigrinya versucht, aber das funktionierte auch nicht. Ich kam mit der Reihenfolge nicht klar und kam immer durcheinander. Ich hatte einfach zu viel im Kopf. Es ging einfach nicht.

Auch meine Betreuerinnen hatte ich gefragt, wie man ein Buch schreibt. Sie gaben mir Schreibmaterial und auch ein Buch mit einer Fluchtgeschichte, sozusagen als

Beispielgeschichte. Wirklich geholfen hat mir das aber nicht. Ich kam einfach nicht weiter. Ich hatte nichts anderes als sehr viel Motivation und meine Geschichte im Kopf.

Da kam mir die Idee, Ulla zu fragen. Mit Ulla konnte ich mich bisher auch immer gut unterhalten. Sie konnte mich irgendwie besser verstehen als andere. Und wir wohnten nicht weit voneinander entfernt, was auch von Vorteil war.

Also fragte ich sie per WhatsApp. Das hier ist der Originalchat:

*„Hallo Ulla, ich hoffe es geht dir gut? Du weißt ne dass ich ein kleines Buch schreiben möchte, ich habe eine Bitte an dich und zwar, ich erzähl dir alles meine Geschichte bzw, was ich alles aufm weg der Flucht erlebt habe. Ich muss erstmal 8 Seiten nur schreiben."*

*Ulla antwortete: „Hallo Merhawi, das ist ja ein schönes Projekt. Du meinst, du erzählst mir und ich schreibe auf? Wann soll das denn fertig sein?"*

*Ich: „In diesem Woche soll er fertig sein."*

*Ulla: „Hm. Das ist sehr kurzfristig. Und 8 Seiten Text schreiben sich nicht einfach so. Wann genau musst du ihn abgeben? Merhawi, ich würde dir gern helfen, glaube aber nicht, dass wir das in so kurzer Zeit schaffen können. Ich habe diese Woche viele Termine, da müssen wir ganz genau gucken, wo etwas dazwischen passt."*

Ich: „Ich habe ins gesamte 20 Tagen, nein 18 Tage"

Ulla: „Das verstehe ich nicht. Wann muss was genau fertig sein?"

Ich: „Das ist genau am 30 Juni, das kannst du auch auf meine feacbook Seite sehen."

Ulla: „Dann ist die Lesung, okay. Aber was muss dann an welchem Tag und zu welcher Uhrzeit nächste Woche fertig sein und was am 30. Juni?

Wie weit bist du schon? Hast du ein Konzept? Wie umfangreich wird das komplette Buch in etwa?

Was sollen die Leute fühlen, wenn sie es gelesen oder deine Lesung gehört haben?

Wer hilft dir noch? Deine Lehrerin? Magdalena? Deine Betreuerin?"

Ich: „Ich weiß es nicht, wie sie sich fühlen, aber ich will es machen, da Hilft mir meine Lehrerin bei der Galerie, sonst nichts, ich habe die Geschichte im Kopf, aber das Problem ist beim schreiben komme ich durcheinander.

Ich habe wirklich keine Ahnung, wovon ich anfangen soll. Ich habe mir schon alles notiert die schreiben will. Bzw alle die Punkte."

Ulla: „Das ist schonmal gut. Vielleicht sehe ich das ja auch zu kompliziert. Im Moment denke ich, das ist ein riesengroßes Vorhaben. Und nun hängt es davon ab, dass ich es aufschreibe, dabei habe ich doch so wenig Zeit. Ich bin mir noch nicht sicher, ob ich damit nicht überfordert bin.

*Vielleicht sollten wir uns einfach kurzfristig treffen und mal versuchen anzufangen. Dann können wir besser abschätzen, wie lange es dauert, bis wir die erste Seite fertig haben.*

*Morgen Abend habe ich frei, da ginge es."*

*Ich: „Okay. Es fällt mir auch wirklich schwer, ich kann wirklich nicht in anderen Sachen konzentrieren."*

Als Ullas Hilfe für mich feststand, war ich überglücklich. Ich habe immer darüber nachgedacht, wie ich anfangen soll zu schreiben und hatte deswegen Stress, denn es gab ja schon den Termin für die Lesung.

Am nächsten Tag begannen wir, das Buch zu schreiben. Zum ersten Treffen hatte ich meine vorbereitete Gliederung dabei. Darin kamen auch viele Geschichten vor, die nicht direkt mit mir zu tun hatten und wir beschlossen, die nicht mit aufzunehmen.

Der Anfang war heftig. Wir haben richtig intensiv gearbeitet, jeden Tag mehrere Stunden. Ich war im Kopf nicht mehr in Hamburg und in der Schule, sondern auf der Flucht. Ehrlich gesagt, hat die Schule in dieser ersten Zeit total gelitten. Ich hatte auch keine Lust mehr, Englisch zu lernen, bloß noch Deutsch. Jedenfalls war der Text für die Lesung rechtzeitig fertig.

Dann kam der Tag der Lesung. Ich war total aufgeregt. Vor vielen Leuten auf Deutsch zu lesen war nicht einfach für mich. Es waren viele Wörter dabei, die ich nur sehr schlecht aussprechen konnte. Manche Wörter auf Deutsch sind unglaublich schwer. Staatsangehörigkeit zum Beispiel oder Aufenthaltsgenehmigung. Ich hatte das Lesen des Textes natürlich vorher geübt, zusammen mit Ulla und auch ganz viel alleine.

Die Lesung fand in einer Galerie im Hamburger Schanzenviertel statt, eine Woche vor dem G20-Gipfel im Juli 2017. Es gab viel Polizeipräsenz, aber zum Glück war noch nichts gesperrt.

Meine Lehrerin hatte für Musik vom Plattenteller gesorgt, die vor und nach der Lesung gespielt wurde. Es gab auch eine Pause mit Musik und Getränken, da konnten sich die Gäste unterhalten.

Meine Lehrerin moderierte die Lesung und saß die ganze Zeit neben mir. Der kleine Raum war überfüllt. Meine Freunde waren da, meine Klassenkameraden, Lehrer aus meiner Schule, Betreuer, mein Vormund und natürlich - Ulla. Es kamen auch Leute, die ich nicht kannte. Ich freute mich sehr, dass sie alle da waren. Ich bekam gutes Feedback und das motivierte mich noch mehr. Insgesamt habe ich etwa 90 Minuten lang die ersten Kapitel aus meinem Buch gelesen.

Nach der Lesung haben wir beschlossen, zukünftig weniger intensiv an dem Buch zu arbeiten. Ich war sehr erleichtert, dass die Lesung vorbei war und so erfolgreich war. Ich hatte Menschen an meiner Seite, mit denen ich das Buch weiterschreiben konnte. Außerdem musste ich mich auch unbedingt wieder auf die Schule konzentrieren. Deshalb verabredeten wir, uns künftig nur noch einmal in der Woche zu treffen. Das war die beste Lösung für uns beide, denn man muss sich auch um andere Sachen kümmern können.

Meine Motivation hat nicht nachgelassen und so bin ich immer pünktlich zu Ulla gegangen. Beim Schreiben saß ich in einem großen Leder-Schaukelstuhl, den ich an Ullas Schreibtisch gezogen habe. Ulla saß am PC und tippte, während ich erzählte. Manchmal unterbrach sie mich und fragte nach. Das war aber nicht oft, denn meistens hat sie genau das verstanden, was ich sagen wollte. Manche Dinge, die für mich selbstverständlich waren, konnte sie sich nicht vorstellen. Ich hatte dann nicht immer die richtigen Worte und musste länger die Begleitumstände erklären. Wir haben uns aber immer gut verstanden, am Ende stand immer auf dem Papier, was ich sagen und erreichen wollte.

Nach unseren Schreibterminen habe ich mich immer gut gefühlt. Beim Schreiben selbst hatte ich oft totalen Stress, weil ich alles wieder vor meinem inneren Auge sah. Nach dem Schreiben wechselten wir das Thema auf Dinge, die nichts mit meiner Geschichte zu tun hatten. Wir unterhielten uns, aßen etwas, lachten. Mir ging es dann gut. Ich fühlte mich erleichtert und innerlich frei.

Die Geschichte endet HIER. Ich sitze in dem bequemen Schaukelstuhl, ein Glas Wasser vor mir, Ulla am Computer. Alles ist gesagt und aufgeschrieben.

Jetzt reden wir darüber, dass ich mal ein Haus haben werde, mit einem Schaukelstuhl wie diesem – und einen Hund. Der Hund soll groß sein, mit schwarzem Fell, und er soll schwarze Augen haben.

Meine Geschichte bleibt natürlich immer in meinem Kopf, aber das Schreiben hat mich frei gemacht.

Gott sei Dank!